자향기
자승에게
콩다

신앙의 자유를 찾아 떠난 3762일의 기록

자유가
자유에게
묻다

임사라 지음

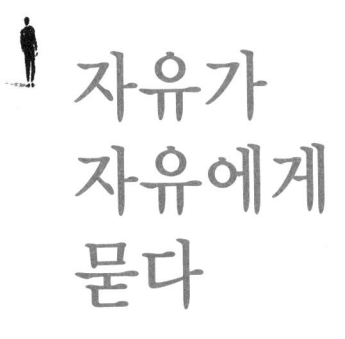

빈ㅇ 누림과 이룸

복음 통일의 염원

조건회 목사(예능교회 담임, 한국다리놓는사람들 대표)

그런 말이 있습니다. "눈물 젖은 빵을 먹어보지 않은 사람과는 인생을 논하지 말라!" 임사라 자매님이 살아온 생애를 들여다보면서 나는 과연 눈물 젖은 빵을 먹어본 사람인가 스스로 물었을 때 도리어 나는 달콤한 빵만 먹어온 사람이라는 생각이 들어서 내가 추천사를 쓸 자격이 있을까, 생각했습니다. 그러나 이 글이 인생을 논하는 것이 아니라, 작디작은 몸으로 민족 분단의 아픔을 고스란히 겪어내며 자유를 찾아 목숨을 건 길고 힘겨운 여정을 지나온 한 영혼의 아픔과 기쁨에 동참하는 마음으로 이 글을 씁니다.

이 책을 보면서 제가 늘 마음에 품고 있던 문장 하나가 떠올랐습니다. "형통은 하나님의 은총과 인간의 준비가 만나는 자리에 있다." 사라 자매님이 북한에서 나와서 중국과 제3국을 거쳐 대한민국에 도착하기까지 모든 여정을 도우시고 인도하신 분은 바로 전능하신 여호와 하나님입니다. 그런데 누구나 형통한 삶을 살게 되는 것은 아닙니다. 반드시 인간 편에서 준비가 되어 있어야 합니다. 구덩이에 빠진 사람을 건져내려고 밖에서 아무리 손을 뻗어도 구덩이 안에 있는 사람이 손을 뻗지 않으면 건져 낼 수가 없습니다. 인간의 준비란 바로 그 '손을 뻗는 것'입니다. 사라 자매님이 한국 땅에 도착해서부터 지금까지 분명히 하나님이 역사하셨고 하나님의 사람들이 자매님을 도와주었습니다.

그러나 인생의 어려운 고비마다 사라 자매님 역시 절망하지 않았습니다. 포기하지 않았습니다. 좌절하지 않았습니다. 그리고 마음과 몸을 추스르며 오뚝이처럼 다시 일어났습니다. 하나님이 주신 자매님의 천성적인 활달함, 명랑함, 주도적이고 적극적인 삶의 태도가 바로 하나님의 은총을 당겨오는 사라 자매님의 준비였습니다.

저는 이 책이 통일을 염원하는 우리 모두에게 복음 통일을 향한 염원이 더 뜨겁게 일어나게 하는 은혜의 불쏘시개가 될 것을 기대합니다. 아울러 북한 땅에서 사선을 넘어 자유를 찾아 길을 나서는 분들에게는 무엇보다 꿈과 소망과 용기와 인내와 끈기를 줄 것을 믿습니다. 또한 하나님을 믿는 대한민국의 천만 그리스도인들에게는 분단의 아픔 속에서 자유를 찾아 이 땅에 온 3만 5천 명의 북한 이탈주민들에게 형제애와 가족애를 느끼게 하고, 내게 주신 축복을 어떻게 사용해야 할지를 알려주는 인생의 나침반이 될 것을 기대합니다.

지금도 출애굽기를 거쳐 여호수아를 함께 공부하고 있는 임사라 자매님은 훈련된 하나님 나라의 군사로 굳건히 세워져 가고 있습니다. 부디 이 책이 널리 알려져 많은 이들에게 읽혀서 장차 북녘땅과 열방을 복음으로 함께 정복해갈 동역자들을 모으는 길잡이가 되기를 소망하면서 감사한 마음으로 귀한 책을 추천합니다.

......

고난에서 다시 일어나 힘차게 세상으로

TAS International 김하민 대표

세상이 줄 수 없는 진정한 자유. 슬픔과 상처를 치유하시는 주님의 사랑. 절망의 길에서 희망의 길로 인도하시는 그분의 손길. 저자는 말로 표현할 수 없는 인간의 아픔을 마음으로 느끼게 하고, 머리로 이해할 수 없는 진리를 가슴으로 깨닫게 한다. <자유가 자유에게 묻다>는 고난에서 다시 일어나 힘차게 세상으로 나아갈 힘을 실어주는 책이다.

......

통일의 이정표

북녘 동포와 열방을 먹이고 살리고 구원하는
한민족통일고구마 나눔운동본부 대표 박형서 선교사

세 번 태어난 임사라 자매님께 박수를 보냅니다.

존경하는 자매님은 처음에는 그립고 그리운 내 고향 북녘땅에서 태어났고, 다시 이곳 남녘땅에서 새로 태어났습니다. 잘하셨습니다.

그리고 세 번째로는 예수 그리스도 부활 생명으로 거듭 태어났습니다. 북남동포는 한민족 한 피를 나눈 같은 언어, 같은 역사를 가진 민족입니다.

사라 자매님은 아픈 지난날에 얽매이지 않고 헤어진 가족을 위해 늘 밝고 기쁘게 살아갑니다. 가족 구원에 써야 할 귀한 돈을 떼어먹은 사람을 용서했고, 수용소의 수감자들을 돌보고 사랑했습니다. 복음을 행동으로 실천하는 전도자가 된 것입니다.

오랫동안 이어져 온 영양부족과 수용소에서 당한 고문으로 고질병에 시달렸으나 하나님 안에서 치유 받고, 남은 인생을 민족의 평화통일과 하나님 나라의 확장을 위해 바르게 살아가는 분입니다. 과연분단 조국의 미래를 이끌어갈 통일 일꾼으로 잘 훈련된 하나님의 딸입니다.

이번에 지나온 삶을 엮어 책으로 내게 된 것을 진심으로 축하합니다. 이 책을 통해 통일의 이정표가 되기를 바라며, 이 책을 읽는 모든 이의 마음에도 감화 감동이 있기를 기도합니다.

그리고 다시 네 번째로 태어나기를 바랍니다. 바로 통일의 날, 북녘땅 모든 이들의 영적 지도자 되어 먹이고 살리고 구원하는 전사가 되기를 축복합니다. 북한 이탈주민의 지도자가 되어 한민족을 세계적인 명품 민족으로 이끌어가기를 바라며, 온 가족이 만나 행복한 가정을 이루기, 그리고 온 세계를 다니며 하나님을 높이고 통일 운동의 중심이 되기를 기도합니다.

......

드넓은 자유를 찾아 나선 그녀

민들레가족상담센터 소장 최지홍

2016년 가을 '나를 찾아 떠나는 여행'에서 임사라 그녀를 만났다. 당시 그녀는 그토록 그리던 자유를 찾았지만, 가족을 그리워하며 몹시 외로워했다. 프로그램을 통해 만남이 거듭될수록 외로움이 북받쳤다. 어떤 날은 '그리운 엄마'를 그려놓고 두 시간 내내 통곡했던 기억이 난다. 그렇게 우리는 그녀의 외로움을 같이 헤엄쳐 다녔다.

그랬던 그녀가 문득 울음을 그치고 우뚝 섰다. 그녀는 그 과정을 통해 자신의 삶을 정리하고 자신의 이야기를 하기 시작했다. 핀란드, 미국, 이집트, 일본을 날아다니며 자신이 겪었던 일들과 북한의 삶을 알리기 시작했다. 지금의 그녀는 내가 처음 만났던 그녀가 아니다. 전사가 되었다! 그리고 지금 임사라, 그녀를 통해 희망을 본 이들이 모이기 시작했다. 자유인이 된 그녀의 삶은 이제 다른 이들에게 영향을 미치기 시작했다.

이 책은 그런 그녀에게 또 다른 삶의 시작이 될 것이다. 나는 이 책이 마음이 무너진 이들에게 희망의 등불이 될 것을 믿는다. 그리고 지금에 머물지 않고 더 드넓은 자유를 찾아 나선 그녀의 삶에 박수를 보낸다.

......

예수를 만나 새롭게 된 여인

K.M. 일본의 목사

이 땅의 기독교인들에게 나쁜 하루란 그저 독감에 걸리거나 윗사람에게 호통을 들은 하루에 지나지 않을 것입니다. 하지만 북한에 있는 기독교인들에게 나쁜 하루는 어느 날 기독교인이라는 것이 발각되어 체포되는 날입니다. 그것은 결국 고문과 강간, 죽을 때까지 끔찍한 노동에 시달려야 하는 악명 높은 정치범 수용소에 갇히게 된다는 것을 의미합니다. 그런 어둠 속에서도 예수 그리스도의 빛은 눈부시게 빛나며 많은 사람의 인생에 큰 파석을 던집니다. 여기 어둠의 땅 북조선에서 진정한 성자를 만나 인생이 바뀌었고 이제는 이전의 나와 다른, 예수를 만나 새롭게 된 한 여인이 있습니다. 이 책은 비통하기도 하지만 우리 모두에게 우리 머리 되시는 그리스도를 새롭게 일깨워주고 도전할 용기를 주는 이야기가 될 것입니다.

내가 찾고 싶었던 자유

나는 내가 우울증이었는지도 몰랐다.

아침에 눈을 떠도 세수는커녕 온종일 아무것도 하지 않고 가만히 누워만 있었다. 그냥 무기력했다. 작은 소음조차 거슬려서 견딜 수가 없었다.

그토록 갈망했던 대한민국에서의 짜릿한 자유의 기쁨 같은 건 한낱 휴지 쪼가리처럼 허망했고 어린 나이에 떼 놓고 온 아이들만 보고 싶을 뿐이었다.

한동안은 헛것이 보여서 밤에 불을 끄지도 못했다. 불만 끄면 어떤 남자가 나를 내려다보고 있었다. 어떤 날은 그 남자가 내 목을 조른 적도 있다. 벽에 걸어놓은 앞치마와 채반 때문인가 싶어서 물건을 치웠는데도 그 남자는 사라지지 않았다. 무서워서 공용화장실에는 가지도 못했다. 하루하루 온몸과 마음이 피폐해지며 점점 더 깊은 수렁으로 추락하는 것만 같았다. 심리 상담을 받아봤지만 조금도 나아지지 않았다.

   그 지긋지긋한 고난의 행군을 경험한 나에게 번듯한 내 집이 생겼고 한동안은 생활비 걱정도 없으며 죽는 날까지 자유가 보장되었는데도 왜 나는 이토록 견디기가 힘든 걸까.
   그것은, 나 혼자라는 사실 때문이었다.

   전기밥솥에서 따뜻한 밥이 다 되었다고 알려 주는 경쾌한 음악 소리와 여자 목소리가 들릴 때마다 가족 생각이 났다. 아무리 둘러보고 아무리 불러 봐도 밥 한술 같이 뜰 수 없다는 걸 알면서도 시시때때로 떠오르는 그 얼굴, 그 미소, 그 웃음소리…, 지워지지 않았다.

   남편과 나는 사이가 좋았다. 착한 사람이었고 다정다감했고 애정 표현도 많았다. 그런데도 아이들만 보고 싶었다. 미칠 듯한 마음을 안고 아이들 이름을 부르며 방구석을 기어 다니기도 했다. 뼛속 깊이 사무치는 그리움이라는 게 바로 이럴 때 쓰는 말이리라.

  수정처럼 맑은 그 예쁜 두 눈을 한없이 바라보며 뼈가 으스러지게 끌어안고 언제까지고 울고만 싶었다.
  "이렇게 살 수밖에 없는 부모라서… 아니 엄마라서 미안해…."
  저렇게 예쁘고 곱디고운 그릇에 흰 눈보다 더 예쁜 흰 쌀밥 한 그릇 담아 따뜻하게 먹이고 싶다. '먹는 것만 봐도 배가 부르다'는 말도 해 주면서.

  이리 봐도 저리 봐도 다른 집에서는 매일 누리는 평범한 일상인데, 나에게는 그 모든 일상이 사라지고 말았다. 그 상실을 받아들여야 한다는 사실이 죽을 만큼 힘이 들었다.
  외로워하는 나를 위해 처음으로 온 사람들이 바로 교회 분들이었다. 일부러 찾아와 예배를 같이 드려 주었다. 현실적으로 커다란 변화가 일어난 건 아니지만, 가족 말고 어딘가 희미한 점 같은 사랑의 불빛 하나가 감지되는 듯했다. 집에만 있으면 병 생긴다고 놀러 가자 몇 번을 권유하는 바람에 약속을 잡기도 했다.

그런데 막상 나가려 하면 알 수 없는 강력한 힘이 나를 자꾸만 끓어 앉혔다. 따뜻한 그분들의 배려를 모른 체하며 두문불출 무기력하게 누워만 지냈다. 뚜렷한 이유도 없이 자꾸 눈물만 나왔다. 가스를 켜놓고 이대로 죽어버릴까 하는 생각이 스멀스멀 기어 올라왔다. 사선을 넘어 개보다 못한 취급을 받으며 헤매고 헤매어 찾아온 자유가 고작 이거였다니. 자유야, 너 대체 뭐니?

자유가 자유에게 묻다 ········· 차 례

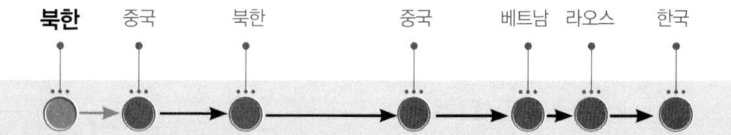

북한 　중국　　북한　　　중국　　베트남 라오스　　한국

에스겔 37장 2절

나를 그 뼈 사방으로 지나가게 하시기로 본즉

그 골짜기 지면에 뼈가 심히 많고 아주 말랐더라.

1부

첫 번째 탈출

시끄러운 아이

나는 청진에서 2남 1녀 중 막내로 태어났다. 아버지는 6·25전쟁 때 다리 한쪽을 잃은 영예군인이었다. 여기 말로 하면 상이용사다. 원래 있어야 할 다리는 의족이 대신했다. 아버지와 어머니는 영예군인들이 일하는 학용품 공장에 같이 다니셨다. 원래 서로 알던 사이는 아니었는데, 아버지가 전쟁 후에 황해도에서 일하다가 영예군인 교육을 받으러 북쪽 지방으로 올라왔다가 어머니를 소개받았다. 북한에서도 영예 군인에 대한 대우가 나쁘지는 않았지만 그때 당시 장애가 있는 사람을 괜찮은 결혼 상대로 보는 분위기는 아니었다. 그런데도 서로 마음이 맞아 백년가약을 맺었다. 우리 아버지는 장애라는 불리한 조건이었지만 어머니가 좋아할 만했다는 생각이 들 정도로 인품 좋고 자상한 분이었다. 아버지는 나를 무릎에 앉혀놓고 6·25전쟁 때나 왜정 때 이야기를 자주 했다.

아버지는 우리 집에서 30분만 걸어가면 나오는 청년공원이라는 바다에 나를 자주 데리고 다녔다. 가다가 넘어져서 다쳤을 때 아버지가 바닷물에 무릎을 씻어 주었던 기억이 난다. 아버지가 자상해서 더 그랬을까, 어머니는 상대적으로 무척 엄한 분이었다. 그래도 오빠들과 나이 차가 많이 나는 막내딸인 나는 공주처럼 귀여움과 사랑을 많이 받고 자랐다.

우리 집은 네 가구가 쭉 이어져 있는 집 중 하나였다. 열 채 이상 붙어 있는 집을 하모니카 집이라고 불렀는데, 우리 집은 그보다는 규모가 작았다. 부엌도 비좁고 단칸방이어서 온 가족이 한방에서 잤다. 남한의 60년대 풍경과 비슷했을 것 같다. 내가 자랄 때만 해도 북한의 경제 사정은 지금처럼 나쁘지 않았고 국가에서 주는 영예 군인 대우도 괜찮았다.

청진에서 보낸 학창시절은 지금도 좋은 추억으로 남아 있다. 나는 학교 생활에도 충실했지만 잘 놀고 씩씩하고 용감했다. 하지만 나에게는 소변을 지리는 요실금이라는 지병이 있었다. 그런데도 어렸을 때라 혼자서 제때 옷을 갈아입거나 위생적으로 몸 관리를 하지 못했다. 지금처럼 기능성 기저귀가 있는 것도 아니었고 고작해야 천 기저귀를 썼는데, 나 스스로 갈아 채우지도 못하니까 내 몸에선 늘 지린 내가 진동했다. 어머니 아버지가 일을 나가면서 나를 어린이집에 오랜 시간 맡겨 놓곤 했는데 부모님은 내가 자주 오줌을 지리는 것이 어린이집 탓이라고 생각했다. 어머니는 내 병을 어떻게든 치료해 보려고 백방으로 찾아다녔다. 내 기억으론 중학생 때까지도 병원에 다녔던 것 같다. 하지만 그런 희귀한 병을 제대로 진단할 수 있는 시대도 아니었고, 알았더라도 치료할 수 있는 의료 환경이나 수준도 아니었다. 어머니가 아무리 열심히 노력했어도 어쩔 수 없는 일이었다.

늘 지린내가 나니까 아이들이 나를 피하거나 놀렸다. 한창 뛰놀 나이에 겉으로 드러나는 문제가 있고 몸에서 나는 냄새 때문에 여간 신경이 쓰이는 게 아니었다. 하지만 나는 주눅들지 않았다. 늘 밝고 활달했다. 말도 잘해서 내 주위엔 늘 아이들이 달라붙어 있었다. 왕따도 당하지 않았고 친구들과도 잘 어울렸다. 우리 동네에서 제일 크게 소리 지르고 신나게 노는 여자아이가 바로 나였다. 오죽하면 이웃들이 동네가 소란스러우니 사라에겐 밥을 좀 적게 주라고 했을까. 어머니도 병도 있는데 노상 밖으로 나다니는 나를 말리곤 하셨다.

내가 만약 나를 피하는 아이들의 행동에 민감하게 반응하고 절망했다면 내 어린 시절은 외로움과 어두움뿐이었을 것이다. 자칫 내 인생 전체가 암흑이었을지도 모른다. 그러나 우리 부모님은 나를 구김 없이 길러주셨고, 그 덕분에 나는 밝고 활발했다. 지병도 다행히 크면서 차츰 좋아져서 오랫동안 잊고 살 수 있었다. 남한에 와서 검사를 받아보고서야 내가 왜 그렇게 심한 요실금에 시달렸는지 알게 되었다. 검사 결과 나는 요도관 2개, 자궁 2개가 있는 선천적인 장기 기형이었다.

어쨌거나 내 병만 빼면 우리집은 큰 어려움 없이 화목했다. 그런데 갑자기 예기치 않은 슬픔이 찾아왔다. 큰 오빠가 군 복무 중에 사고로 목숨을 잃은 것이었다. 오빠가 죽었다는 소식에 초등학생이었던 나는 종일 울었다. 죽음이 무엇인지 제대로 알지 못하는 나이였지만 너무 슬펐다. 그러니 가슴에 아들을 묻으신 부모님은 얼마나 힘드셨을까.

북한의 초등학교는 4년제였다가 5년제로 바뀌어 지금은 고등학교까지 전체 학제가 12년제다. 한 반에는 40~50명씩 대여섯 개 반이 있었다. 나는 일곱 살에 입학했다가 병 때문에 1년 휴학한 뒤 여덟 살에 다시 학교에 갔다. 북한에서는 내가 중학교 다닐 때부터 배급이 제대로 안 나오면서 사람들이 굶주리기 시작했다. 그러다가 1994년 김일성이 죽으면서 전대미문의 해를 맞이했다. 그 무렵 무려 3백만 명이 넘는 사람들이 굶어 죽었다. 정확한 통계는 아니지만 암암리에 알려진 숫자였다.

내가 고등학교 들어갈 무렵에는 경제 사정이 더욱 어려워졌다. 공부에 딱히 관심이 없었던 나는 일찌감치 일을 시작하기로 했다. 졸업 후 나는 대학에 가지 않고 청년돌격대에 입대했다. 청년돌격대는 청년동맹함경북도 청년연맹 산하 기관으로 대학에 가지 않고 사회로 진출하는 사람들이 병역 대신 각종 공사에 투입되어 대체복무를 할 수 있게 한 건설대였다. 그래서 삽을 들고 건설현장을 다녔지만 군복 같은 제복을 입고 군대식 조직으로 활동했다. 나도 신입 훈련을 받고 선서를 하고 중대와 소대 배치를 받았다.

우리 여단이 배치받은 공사 현장은 평양통일거리 건설이었다. 지금도 그렇지만 그때도 태어나서 평양 한 번 못 가본 사람들이 많았는데 내가 평양을 가게 된다니 꿈만 같았다. 하지만 집에서는 가지 말라고 뜯어말리셨다. 외동딸이기도 했고 몸의 약점 때문에 기숙사

생활을 제대로 할 수 없을 것 같았기 때문이다. 북한 사회에서는 여자가 밖으로 돌면 안 된다는 생각이 있어서 반대가 더 심했다. 그렇지만 나는 가족의 반대를 무릅쓰고 청년돌격대에 입대해 기어이 평양에 갈 수 있었다.

그런데 집 떠나면 고생이라는 어른들 말은 틀리지 않았다. 돌격대 생활은 정말 힘들었다. 거기서는 모든 일을 사람 손으로 해결해야 했다. 공사장에서 벽돌을 담은 25킬로그램짜리 포대를 어깨에 하나씩 짊어지고 다녔고, 시멘트와 모르타르도 손으로 만지며 삽질을 했다. 여자라고 일을 적게 시키는 법도 없었다. 힘든 노동을 하면서도 '젊어서 고생은 금 주고 못 산다'는 속담처럼 젊어서 한때 하는 경험이려니 하면서 즐겁게 지냈다. 중대 선동원이 보급하는 새 노래가 있으면 열심히 따라서 흥얼거렸다. 나는 중대 선동원은 아니었지만 새로 나온 노래를 중대원들에게 가르쳐 주었다. 힘들었지만 노동의 결과로 새로운 거리가 생길 때마다 보람을 느꼈다.

돌격대 생활의 낙은 뭐니 뭐니 해도 평양 구경이었다. 기숙사 생활을 해서 평일에는 외출이 금지되어 있었지만 주말에는 평양 시내를 구경할 수 있었다. 평양은 눈이 휘둥그레질 정도로 멋있었다. 야경이라는 것을 처음으로 보았다. 가로등에 불이 켜져 있고 버스가 다니고 지하철이 있는 평양은 북한의 어디와도 비교할 수 없는 곳이었다. 큰 지방도시도 다녀봤지만 평양 같은 곳은 없었다. 정말 최고였다.

지금도 평양의 화려함 가운데 울려 퍼졌던 여러 구호와 선전이 생각난다. 내가 평양에 있을 당시에는 사람들의 김일성 숭배가 대단했다. 나부터도 내 증조할아버지 이름은 몰라도 김일성의 가계도는 다 외웠다. 배급이 정상적으로 이루어졌고 국가 경제도 나쁘지 않았기 때문일까. 그래서인지 평양 거리의 멋진 건축물들만 봐도 저절로 충성심이 솟구쳤다.

그러나 나의 평양 생활은 그리 오래가지 못했다. 배가 고파서 채 익지 않은 올사과햇사과를 먹었다가 그만 탈이 났는데 그것이 큰 병으로 악화해 결국 전역을 해야 했다. 고향으로 내려오면서 앞으로 나에게 어떤 일이 닥칠지 전혀 짐작하지 못했다.

옥수수 열 알

전역 후 고향에 돌아와서도 계속 몸이 아파 1년 정도는 일을 하지 못하고 꼼짝없이 집에서 쉬어야 했다. 그런데 하필이면 그 즈음부터 배급이 줄면서 살기가 점점 더 어려워졌다. 사람들은 90년대 중반의 대기근만 떠올리지만 1994년 김일성 사망 이전부터 이미 경제사정은 좋지 않아 배급이 계속 줄어들었다. 우리 집은 그런대로 죽이나밥을 해 먹고 살았지만 넉넉하지는 못해서 나도 몸이 어느 정도 회복되자마자 다시 직장생활을 시작했다.

내 직장은 법랑 그릇을 만드는 곳이었다. 작업장으로 철판이 배송되면 그것에 모양을 찍어서 그릇을 만들고 사기 물을 먹여서 덮어씌우는 작업이었다. 그렇지만 일을 시작한 지 얼마 지나지 않아 나는 다시 고열로 입원했다. 의사 선생님 말은 장이 곪았다고 했다. 그 뒤로 1년에 한 번씩 두 번의 수술을 했다. 그때는 그나마 병원 사정이 괜찮아서 입원하면 약도 나오고 치료도 받을 수 있었다. 하지만 잦은 병치레로 나도 가족들도 점점 더 힘들어졌다. 장을 15센티 절제한 후 7일 뒤에 실밥을 뽑을 때는 갑자기 복수가 차기도 했다.

내 청년 시절을 돌이켜보면 돌격대에서 보낸 시간 외에는 즐거운 적이 없었던 것 같다. 나머지는 병으로 고생했던 기억뿐이다. 하지만 돌격대 때는 일이 힘들긴 했어도 청춘을 청춘답게 누린 보람된 시간 이었다. 청년들이 모인 집단이라 항상 활기찼고 생기가 넘쳤다. 고된 작업 속에서도 건축물들이 올라가는 것을 보면서 뿌듯함을 느꼈다. 물론 그때의 힘든 노동이 안 그래도 좋지 않았던 나의 건강을 크게 갉아먹었다는 것만은 부인할 수 없다.

둘째 오빠도 일찍 전역했다. 듣기로는 휴전선 부대에 근무하면서 소대장과 크게 다퉜고, 부대에서는 혹시나 우리 오빠가 충동적으로 남한으로 도망갈까 봐 걱정돼서 일찍 전역시켰다고 한다. 오빠는 김 일성이 죽은 다음 해에 결혼했다. 나도 그 뒤로 얼마 지나지 않아 남 편을 만났다. 남편은 백살구꽃 만발하는 산을 끼고 있는 작은 시골 도시 회령 사람이었다. 새언니가 중매를 섰는데, 인물이 번듯하거나 풍채가 좋은 사람은 아니었지만 심성이 착했다. 내 성격이 강한 편이 라서 그랬는지 그 사람의 착한 성품에 끌렸다. 그렇지만 어머니가 강 하게 반대했다. 귀하게 키운 막내딸과 결혼하겠다는 남자가 인물도 변변치 않은 데다 결혼하면 꼼짝없이 시골에 들어가서 살아야 했기 때문이다. 하지만 우리는 어머니의 반대를 무릅쓰고 결혼했다.

행복하고 축복받아야 할 결혼이었지만 우리는 신혼의 즐거움을 누릴 새도 없이 온 나라를 강타한 최악의 경제난에 맞닥뜨렸다. 우리가 결혼했을 때는 고난의 행군이라고 불리는 대기근이 강타해 식량 사정이 최악이었다. 우리는 신혼살림을 차리자마자 굶기 시작했다. 게다가 곧바로 아기가 들어섰다.

마냥 굶고 있을 수만은 없는 상황이었는데 다행히 강원도 군부대에서 식모 일을 하는 시이모가 있어서 임신 5개월의 몸으로 양식을 얻으러 갔다. 군부대에는 그나마 먹을 게 있었다. 50킬로나 되는 쌀을 얻어서 남편과 나눠 매고 집으로 오는 기차를 타려고 갔더니 얼마나 사람이 많은지 기차 위에까지 사람들로 바글바글했다. 몸도 무겁고 짐도 무거워 도무지 탈 방법이 없었다. 그때 마침 예전 직장에서 반장하던 사람이 창문에 서 있었다. 우리는 그 사람이 끌어올려 줘서 간신히 기차에 오를 수 있었다.

알려진 대로 북한의 열차 사정은 열악하다. 그래서 남한이라면 한두 시간이면 될 거리를 갔다 오는 데 나흘이나 걸렸다. 중간에 전기가 끊겨 기차가 멈추면 내려서 들판에서 모닥불을 피워 놓고 기다렸다가 다시 타기도 했다. 드라마에서나 나올 법한 일을 실제로 겪고 살았다. 그렇게 답답한 상황, 답답한 시간을 그때는 어떻게 그렇게 당연하게 여기고 살았는지 모르겠다.

고난의 행군 시절은 내게 이별과 슬픔의 연속이라고 표현할 수 밖에 없다. 그때를 못 넘기고 애처롭고도 허망하게 죽어간 가족들 때문이다. 오빠는 결혼하고 곧장 아기를 가졌는데 조카는 태어나자마자 영양실조에 시달렸다. 건강이 안 좋은 새언니가 모유를 제대로 먹이지 못했고, 모유 대신 먹일 만한 것도 마땅치 않았다. 뭐라도 먹여보겠다고 어려운 살림에도 밀가루를 구해 사카린을 섞은 물에 타서 끓여 풀죽으로 먹였지만, 그것으로 영양공급이 될 리가 없었다. 조카는 결국 태어난 지 6개월 만에 세상을 뜨고 말았다.

비슷한 시기에 아들을 출산한 나에게 조카 일은 남 일이 아니었다. 산모인데도 자주 굶다 보니 모유가 부족했다. 굶으면서도 아기에게는 젖을 물려야 하니 살이 빠져서 얼굴이 해골 같아졌다. 길에서 동네 사람들을 만나면 '새댁은 시집왔을 때는 예뻤는데 지금은 형체 없네…' 하며 안타까워했다.

그보다 더 황망한 일은 아버지의 갑작스러운 죽음이었다. 아버지는 고난의 행군이 시작된 지 2~3년 뒤에 돌아가셨다. 사망의 원인은 굶주림이었다. 그런데다가 더 어이없는 것은 아버지가 돌아가신 그 해 여름 국가 경제가 무너져 모든 통신이 끊기고 운송수단이 마비되어 아버지의 임종 소식조차 제때 듣지 못했다는 것이었다. 전기도 들어오지 않아 전보를 받을 수 없어서 나는 아버지가 돌아가신 것을 한 달이나 지나서 들었다. 그것도 다른 일로 우연히 고향 친정집에 찾아갔다가 알게 되었다. 자식으로서 말로 못 할 불효를 저질렀다는 참담함에 가슴이 찢어지는 것 같았다.

아버지는 참전용사로, 마땅히 영예군인으로서 국가의 혜택을 받았어야 했다. 그런데 국가 경제가 붕괴된 마당에 상이군인에게 돌아올 혜택 따위는 없었다. 어머니 말로는 아버지가 돌아가셨을 때 주머니 안에 옥수수 10알이 덩그러니 남아 있었다고 한다. 옥수수 10알…, 차마 입에 털어 넣지 못한 그 옥수수는 어디서 얻은 것이었을까? 누굴 주겠다고 배고픔을 참아가며 아껴두셨을까? 전장의 포화도 이겨냈는데 기근을 이기지 못해 돌아가셨다는 사실이 너무 무참해서 견딜 수가 없었다. 아사자가 삼백 만 명에 이르렀는데 그 속에 조카에 이어 아버지까지 들어가게 될 줄이야.

우리는 어떻게든 살아남아야 했다. 먹을 것은 없었지만 살기 위해 집에서 돼지를 키우기로 했다. 암퇘지였다. 당연히 돼지에게도 먹일 것이 없었다. 나는 남들이 다 자는 새벽에 인분을 훔쳐 와서 끓여 먹였다. 악취가 코를 찔렀지만, 그거라도 먹여야 한다는 생각뿐이었다. 사정을 모르는 사람들은 사람도 굶는 판국에 돼지를 기르는 게 웬 말이냐고 했을 것이다. 당장 그 녀석이라도 잡아먹어야 할 상황이었지만 그 돼지야말로 나중에 우리 식구들의 끼니를 책임질 방편이었다. 키워서 팔면 더 많은 식량을 구할 수 있을 뿐 아니라 녀석이 새끼라도 낳으면 팔아서 돈을 벌 수 있을 테니 악착같이 남의 집 인분까지 몰래 퍼다 먹이며 길렀다.

식량 부족 문제는 굶주림만으로 끝나지 않았다. 보건 위생을 생각할 수 없는 상황 속에서 질병이 퍼지기 시작했다. 우리 마을에도 고열에 설사를 동반하는 장티푸스가 돌았다. 그 질병의 마수가 하필이면 우리 남편에게도 찾아들었다. 남편은 장티푸스에 걸려 고열로 앓아누워 있는데 집에 먹을 것이 없어서 약 한 알도 쓰지 못했다. 어려운 살림이었지만 쌀을 탈탈 털어 밥을 짓고 밥상을 차렸다. 하지만 남편은 밥 한 숟가락 제대로 뜨지 못했다. 환자가 입을 댄 밥은 전염될 위험이 있어서 다른 사람이 먹을 수가 없었다. 남편이 남은 밥을 돼지에게 먹이라는데 내 목구멍에서는 침이 꼴깍 넘어갔다. '저 아까운 걸 내가 먹어야 하는데…' 그렇지만 나마저 병에 걸리면 우리 가족은 꼼짝없이 죽은 목숨이었다. 결국 그 귀한 밥은 돼지 입에 들어가고 말았다.

앓아 누운 남편과 젖먹이 아기를 위해 나는 날마다 사방으로 먹을 것을 찾아 헤맸다. 집 울타리를 따라 단호박을 심었는데 호박이 익을 새 없이 따먹었다. 그러다 우연히 늙은 호박을 찾았어서 삶고 끓여 먹으며 한동안 허기를 달랬다. 한겨울 추위도 문제였다. 아기를 등에 업고 땔나무를 구하러 다녔다. 산에 갈 여력은 없으니 길가 큰 나무 밑에 떨어진 나뭇가지를 주워 모았다. 그렇지만 나뭇가지로는 당해 낼 수가 없어서 나중에는 빨랫방망이까지 땔감으로 썼다.

다행히 우리 가족은 그 시기를 잘 넘겼다. 남편도 병을 털고 일어났고 아이도 무사히 돌을 넘겼다. 그런데 아기 돌을 축하해 주러 오신 친정어머니가 장티푸스에 걸려 몸져누우셨다. 엎친 데 덮친 격으로 얼마 지나지 않아 막 돌이 지난 아들이 사고를 당하고 말았다. 그 당시에는 집에 전기가 들어오지 않아 소나무 광솔_{관솔 : 송진이 많이 엉긴 소나무의 가지나 옹이} 같은 것으로 불을 켰다. 그 덕에 하룻밤 지나면 콧구멍이 까맣게 되었다. 어느 날 아이가 부엌에서 놀다가 광솔불이 꺼지자 어둠 속에서 더듬거리다가 가마솥에 손을 짚는 바람에 큰 화상을 입었다. 남편과 나는 아파하는 아이를 들쳐 매고 병원으로 뛰었다. 가장 가까운 병원도 집에서 40리 길이었다. 차로 30~40분이면 갈 수 있는 거리였지만 물자 부족으로 차량 운행이 끊겨 5시간을 걸어가야 했다. 병원에 도착했을 때는 이미 아들은 가쁘게 마지막 숨을 들이쉬고 있었다. 의사가 진료하려는 순간, 아이의 고개가 푹 하고 꺾였다. 그것으로 끝이었다.

죽은 아이를 들쳐 업고 다시 집으로 돌아오는데 너무나 원통해서 하염없이 눈물이 흘렀다. 주사 한 대 못 맞히고 치료조차 해보지 못했다. 자동차라도 다녔으면 아이가 살았을 거라고 생각하니 버스 한 대도 다니지 않는 시골 구석에 살다가 아들을 잃어버린 내 꼴이 너무 비참했다. 내가 그때 할 수 있는 일이라곤 아들의 마지막 걸음을 함께하는 것뿐이었다. 아이를 업고 가로등도 없는 캄캄한 밤길을 걸어오는 동안 온통 억울함과 미안함으로 뒤엉킨 마음을 주체할 수가 없었다. 1년 남짓 아이가 곁에 있는 동안 어미가 되어서 사탕 한 번 제대로 먹여보지 못했고, 젖 한 번 배부르게 먹이지를 못했다. 이 험한 시기에 못난 부모를 만난 아이에게 미안하고 또 미안해서 서러움이 북받쳤다.

집에 도착하니 어느새 새벽이었다. 남편 친구와 시누이 남편이 아이를 묻어주었다. 애간장이 끊어진 내 속도 모르고 집에서는 난리가 났다. 우리 아기가 장손주인데, 시어머니는 어미가 부주의해서 장손주를 죽였다고 노발대발하며 나를 내쫓았다. 아무리 슬퍼도 내 속에서 나온 자식을 잃은 나만 할까, 억장이 무너져 펑펑 우는 내 손을 붙잡고 남편이 넌지시 위로의 말을 건넸다.

"우리 아기가 우리를 도와주려고 먼저 간 것일지도 모르겠소. 어른이 굶는데 아이는 어떻게 먹이겠는가, 아무 대책도 없고…. 이 험한 데서 아이가 어찌 살겠는가? 우리 아이가 부모 고생 안 시키려고 먼저 간 것 같소."

말은 그렇게 했지만 남편이라고 다를까. 나를 그렇게 위로해주곤 남편은 남들이 안 볼 때 죽을 듯이 울었다. 씩씩하고 밖으로 슬퍼도 아파도 잘 내색하지 않는 사람이었지만 그때만큼은 앞이 안 보인다, 어떻게 살아야 할지 모르겠다, 하며 고개를 떨구고 흐느꼈다. 막막한 건 나도 마찬가지였다.

그래도 사람은 적응의 동물이라고 했던가. 우리는 아이를 가슴에 묻고 생목숨을 붙들었다. 서서히 배급 없이 사는 생활에도 적응하기 시작했다. 사는 것은 여전히 어려웠지만 조금씩 경험이 쌓였다. 고난의 행군 초반에는 많이 굶었는데 나중에는 산에 뙈기밭을 일구고 농사를 지어 그나마 양식을 얻을 수 있었다. 수확이 많지는 않았지만 그래도 얼마간 먹을 양식을 구할 수 있었고, 그걸 쪼개 먹으면서 버텼다. 물론 산에다 밭을 일구는 것은 엄연히 불법이었다. 하지만 그런 건 이미 아무도 신경 쓰지 않았다. 어떻게 하면 굶지 않고 살아남는가가 최대 관건이었다. 거리가 멀어서 자주 나가지는 못했어도 종종 농사지은 감자, 호박, 산나물을 캐서 새벽에 읍내까지 걸어가서 장마당에 내다팔고 먹을 것을 사서 밤늦게 집에 돌아오곤 했다.

북한의 장마당에 가면 눈 풍년^{호강}이었다. 동남아나 중국에서 들어온 물건들이 많고 한국 물건은 아주 적었는데, 한국이나 일본 제품은 너무 비싸서 보통사람들은 살 엄두를 못 냈다. 어디나 그렇지만 북한에선 돈만 있으면 남한에서보다 잘 먹고 잘 살 수 있다. 심지어 돈만 있으면 출근도 안 할 수 있다. 간부들은 그런 돈을 받아먹고 산다고 해도 과언이 아니다. 북한에서 '8.3 제품 해라'라는 말이 있는데 출근하는 대신 돈을 내라는 뜻이다. 우리 남편도 그렇게 하고 살았다. 출근하는 대신 늘 돈 될 거리를 찾아다녔다. 노루나 멧돼지를 잡아서 내다팔아서 먹고산 적도 있다. 그러다가 한번은 보호 동물로 지정된 노루나 멧돼지를 잡았다가 걸린 적도 있다. 그때 경찰한테 맞아서 남편의 이가 빠졌다.

첫 아이가 죽고 나서 2년 뒤에 우리 가족에게 경사가 일어났다. 다시 아이가 생긴 것이다. 딸을 얻은 후 이어서 아들을 낳았다. 그때는 형편이 좀 나아져서 해산 준비도 미리 했고 그런대로 죽이나 밥을 먹일 수 있었다. 물론 없는 살림에 아이 둘 키우기가 쉽지 않았다. 아이들에게 간식거리 한 번 제대로 챙겨주지 못했다. 땟거리를 찾아 먹이기에도 바빴으니까.

고난의 행군이 시작되고 몇 년 안에 가장 사랑하는 사람들을 잃었다. 굶주림과 가난이 조카, 아빠, 아들까지 앗아갔다. 하지만 그때는 그런 서러움을 곱씹을 새도, 마음 아파할 겨를도 없었다. 아니 아파하는 것도 사치였다. 당장 먹고사는 게 급했다.

나는 남한에 와서야 그 아픔과 슬픔을 한꺼번에 몰아서 느꼈다. 슬픈 일을 충분히 슬퍼할 수 있다는 것이 이렇게 복된 일인지 몰랐다. 이곳은 나에게 슬퍼하고 아파할 여유를 찾아주었다. 실컷 슬퍼하고 아파해도 괜찮다고 알려주었고, 그런 나를 가만히 지켜봐주는 이들을 만나게 해주었다.

어머니, 저 다녀와요

　배급이 끊어진 상황에 차츰 적응하면서 먹고사는 법을 자연스럽게 배워갔지만 두 아이를 낳고 키우는 일은 새로운 과제였다. 아이들이 젖을 떼고 나서는 이유식이 될 만한, 질게 지은 부드러운 쌀밥 같은 것을 먹여야 했지만 쌀을 구할 수가 없었다. 대신 옥수수로 밥을 지었는데 옥수수가 딱딱해서 아무리 불려서 밥을 해도 소화가 잘 되지 않아 옥수수 알이 그대로 변으로 나왔다. 그러다 보니 아이들이 영양 부족으로 빼빼 말라 갔다. 특히 아들은 갈비뼈가 아롱아롱하게 드러날 정도로 허약했다. 먹을 것만 부족한 게 아니었다. 입힐 것도 턱없이 부족했다. 딸과 아들이 연년생이었는데 새 옷 새 신발은 꿈도 꿀 수 없어서 아들에게 누나 옷이나 신발을 그대로 물려주었다. 우리 형편에 그렇게라도 입힐 수 있는 것이 다행이었다.

　우리 가족이 배를 곯는 것은 일을 안 해서가 아니었다. 아니, 뼈가 부서지도록 일을 해야만 근근이라도 먹고살 수 있었다. 우리 부부는 새벽부터 산 중턱에 일궈놓은 밭을 매러 나갔고 아침에는 먹을 것을 구하러 다녔다. 남아 있는 아이들을 돌봐줄 사람이 없어서 아이들은 동네에서 놀다가 집에 해놓은 밥을 저희들끼리 찾아 먹고 우리를 기다렸다. 그런데 아이들 먹일 밥도 챙기기가 버거웠다. 식량이라고는 옥수수 쌀뿐이었고, 양도 턱없이 부족했다. 어쩌다 두부를 갈아내고 남은 콩 찌꺼기를 구하면 거기에다 옥수수 쌀을 조금 넣어 양을 뻥튀기해서 밥을 지었다. 색깔이 하얘서 아이들에게는 쌀밥이라고 거짓말을 해서 먹였다.

하지만 뻥튀기한 밥으로도 아이들의 허기를 채울 수가 없었다. 산에 가서 죽도록 일을 하고 컴컴한 밤이 되어서야 돌아오면, 아이들이 배가 고파서 찡찡댔다. "엄마가 얼른 밥 해줄게" 하고 아이들을 달래고 일감을 정리한 뒤 뭐라도 차리려고 부엌에 들어가면 기다리던 아이들은 이미 지쳐서 잠들어 있기 일쑤였다. 눈만 뜨면 산으로 가서 밤늦게까지 땅을 파고 나물을 캐며 정말 아등바등 살았다.

그런데 딸아이가 다섯 살쯤 됐을 때 우리 집에 식구가 갑자기 불어났다. 먼저 친정 오빠가 우리 집으로 왔다. 무슨 사정인지 모르겠지만 이혼을 하고 집에서 나왔다는데 갈 곳이 마땅치 않다며 우리 집에 눌러앉았다. 설상가상으로 시동생 가족 네 명까지 들이닥쳤다. 시동생은 다른 도시의 군수품 공장에 다녔는데 배급이 안 나와서 도저히 생활이 안 되니 차라리 고향에 와서 살겠다면서 내려왔다. 고향이라고 해도 당장 지낼 곳이 있는 것도 아니어서 우선 우리 집 문을 두드렸다. 안 그래도 집도 비좁고 우리 식구 먹을 것도 부족한데 졸지에 우리 식구 넷에 친정 오빠, 시동생네 넷까지 모두 아홉 식구가 되었다. 가마솥 뚜껑을 책임지고 있는 내 어깨가 너무 무거웠다. 하는 수 없이 장사를 하려고 외상으로 받아놓았던 돌소금 한 톤과 술 2백 킬로그램을 생활비로 쓸 수밖에 없었다.

우리 부부의 생활은 더욱 고되졌다. 남편은 새벽부터 산나물을 뜯으러 갔고 나가면 오전 9시에 돌아와서 밥을 먹고 또 밭으로 나갔다. 쌀은 없어도 나물이라도 먹이겠다는 일념으로 남편이 큰 수고를 했다. 그런데도 다른 식구들은 열의도 없고 노력도 하지 않았다. 시동생은 새 직장에 배정되어 출근했고, 동서는 갓난아이가 둘이라고 집안일에는 손도 대지 않았다. 그래도 아이 키우는 일이 어려운 걸 모르지 않으니 동서에게 별 기대는 없었다. 하지만 내가 일을 다녀와서 먹으려고 챙겨놓은 밥까지 뒤져서 꺼내 먹고도 태연하게 행동할 때는 정말 기가 찼다. 배려도 없고 눈치도 없었다. 악한 사람은 아니었는데 왜 그렇게 눈치가 없던지…. 친정 오빠도 한심했다. 이혼하고 기력을 잃었는지 일도 제대로 못 했다. 그런 사람이 아닌 줄을 아니까 더 안타까웠다.

아홉 식구가 밥을 먹고 사는 일은 말 그대로 전쟁이고 전투였다. 새벽부터 늦은 밤까지 일에 매달리다 보니 나도 나였지만 잘못하면 남편이 죽겠다 싶었다. 도저히 감당이 안 돼서 시어머니를 찾아가서 살려달라고 하소연했다. 시동생네라도 시어머니께 맡기려고 사정했다. 다행히 시어머니를 모시는 대신 시어머니가 사시던 집을 시동생에게 주기로 했다. 세간살이를 챙겨서 이사를 내보냈다. 시동생네가 나가니 부담은 줄었지만 시어머니를 모시고 사는 일도 만만치 않았다. 시어머니는 일찍부터 홀로 되셔서 아이들을 키워내신, 꼬장꼬장한 분이었다. 그런 시어머니의 성미를 맞추며 사는 것이 나로서는 쉽지 않았다. 혹 떼려다 되레 혹을 붙인 셈이었다. 하루도 마음 편할 날이 없었다.

그해 가을이었다. 그곳의 가을은 송이버섯이 제철이라 산에서 버섯을 캐다 팔면 식량을 푸짐하게 살 수 있었다. 송이버섯이 나는 산은 우리 동네에서 꽤 멀어서 남편은 꼭두새벽이면 집을 나섰다. 그날도 나는 여느 때처럼 장터로 장을 보러 갔는데 마침 남편 친구의 아내 되는 아주머니를 만났다. 그런데 그날따라 그 아주머니가 귀가 번쩍 뜨이는 말을 했다. "자네, 중국에 돈 벌러 가겠는가?"

나는 별생각 없이 듣고 있다가 갑자기 이게 무슨 소리인가 했다. 그 아주머니는 중국 연길에 있는 식당에서 설거지 일을 하면 한 달에 300위안을 준다고 했다. 석 달만 일하면 자기가 날 데리러 오겠다고도 했다. 내가 그런 방법도 있는가, 물었더니 있다고 했다.

중국 돈 300위안이면 북한에서는 엄청나게 큰돈이었다. 북한에서 쌀 100kg 구매할 수 있는 돈이다 게다가 그 전에 장사하겠다고 받아왔던 소금하고 술을 모두 팔아서 생활비로 쓰는 바람에 우리 집의 빚이 엄청나게 불어 있을 때여서 그 제안에 솔깃했다. 시어머니에게 중국 가서 석 달만 돈을 벌어 오겠다고 조용히 말씀드리면서 애 아버지한테는 절대 말하지 말아 달라고 부탁했다. 나는 가고 싶기도 했지만 한편으로는 가족을 놔두고 외지에 나간다는 것이 꺼림칙해서 시어머니가 막으면 가지 않을 생각이었다. 그런데 시어머니가 웬일인지 순순히 허락하셨다.

평소 같았으면 당연히 막았을 텐데 그 당시 우리 집 사정이 워낙 어려워서 허락했던 것 같다. 중국에서 돈을 벌어 온 사람들이 있다는 소문을 들었을 수도 있다. 그때 시어머니가 막았다면 지금 내 인생은 완전히 달라졌을 것이다.

나는 곧장 중국에 갈 준비를 했다. 먼저 일하러 나간 남편에게 편지 두 장을 빼곡히 써서 옷장에 넣어 놓았다. 짐을 싸는데, 그날따라 세 살배기 아들이 이부자리에 오줌을 쌌다. 평소같이 엉덩이를 때리며 아들을 혼냈다. 지금 생각하면 후회가 된다. 오랫동안 못 볼 줄 알았더라면 한 번이라도 더 안아주었을 텐데….

짐을 싸놓고 밭에서 시어머니와 가을배추를 심고 있을 때 나를 중국에 데려갈 사람이 찾아왔다. 그 사람이 빨리 가자고 재촉하자 옆에 있던 아이들이 "엄마 어디 가?" 하고 물었다. 나는 이모할머니네 집에 갔다가 오겠다고 말했다. 아이들하고 영영 헤어진다는 것은 꿈에도 생각하지 못했고 몇 달만 갔다 올 요량으로 한 말이었다. 당연히 마음 아플 것도 없었다. 빨리 돈 벌어서 빚 갚고 행복하게 살겠다는 생각뿐이었다. 시어머니께도 예사롭게 "어머니, 저 다녀와요" 하고 집을 나섰다.

집합장소에 도착하자 여자 둘이 먼저 와 있었다. 두 사람은 20대 초반이었다. 그리고 일자리를 소개한 아주머니와 국경경비대 군인 한 명도 있었다. 우리는 그날 밤 강을 건넜다. 첫 탈출이었다. 강을 건널 때는 너무 아슬아슬했다. 군인 한 명이 끼어 있어서 들킬 염려는 적었지만, 강이 깊어서 물이 목까지 차올랐다. 나는 까치발을 들면서 겨우겨우 강을 건넜다. 그때 내 나이가 서른세 살이었다.

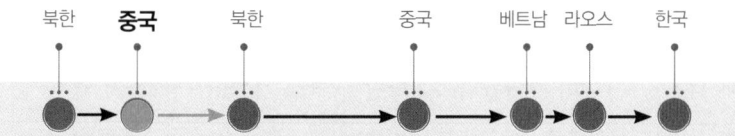

북한 · 중국 · 북한 · 중국 · 베트남 · 라오스 · 한국

욥기 23장 10절

그러나 내가 가는 길을 그가 아시나니
그가 나를 단련하신 후에는
내가 순금같이 되어 나오리라.

작가의 말

2부

몸값 만 사천 원

강을 건너니 강변에 다른 브로커가 기다리고 있었다. 원래는 우리를 데리고 온 아주머니가 중국 식당까지 데려다주기로 했었는데 그날은 일행이 많아 한 차에 타기가 빡빡하니 다음날 다시 오겠다며 북으로 돌아갔다. 우리는 브로커를 따라 차로 이동했다. 그런데 달리던 차가 갑자기 멈추더니 모두 내리라고 했다. 앞쪽에 중국 경찰이 있었다. 우리는 차에서 내려 검문소를 피해 철길을 따라 밤새도록 걸었다. 나는 하필 북한에서 '까치신발 등은 하얗거나 파란색이고 바닥은 하얀색으로 된, 굽이 3센티 정도 되는 여자 구두'이라고 부르는 뒷굽 소리가 요란한 신발을 신고 있었다. 이렇게 소리를 내다가는 큰일 나겠다 싶어서 할 수 없이 신발을 벗어 들고 맨발로 걸었다. 발이 너무 아팠지만 잡히는 것보단 나았다. 밤새 걷다 보니 어느새 날이 밝아서 사람들 눈을 피하기 어려워지자 브로커는 우리를 콩밭에 숨겼다. 우리가 숨어 있는 사이 브로커가 다시 차를 가져 왔고, 우리를 태워 시내로 들어갔다.

우리가 간 곳은 어느 아파트였다. 밤새 걷느라 모두 시장했는데 브로커가 하얀 쌀밥에 감잣국, 김치를 내왔다. 우리는 이게 웬 쌀밥인가 하고 정신없이 먹었다. 식사 후에는 몸을 씻고 브로커가 준 옷으로 갈아입었다. 한숨 돌리고 나서 여자 셋이서 서로 통성명을 하고 이야기를 나눴다. 스물다섯 살 먹은 친구는 결혼해서 이제 갓 돌이 된 아이가 있었지만, 먹을 것이 없어서 아이를 언니 집에 맡겨 놓고 아예 중국에서 시집가서 살 작정으로 나왔다고 했다. 스물두 살 먹은 아가씨는 미혼이었는데 중국에 돈 벌려고 왔다고 했다. 나도 중국 식당에서 일하러 왔다고 했더니 그 친구가 나하고 같구나, 하면서 좋아했다. 우리는 어디서 일하게 될지 궁금해서 빨리 식당을 소개받고 싶었다. 내친김에 옆방에서 자고 있는 브로커를 깨워서 우리가 일할 식당에 미리 가보면 안 되는지 물었다. 브로커는 깜짝 놀라더니 우리가 다 시집을 가기로 되어 있다고 했다. 우리가 놀라서 무슨 소리냐, 시집은 무슨 시집이냐 했더니 자기는 그렇게 알고 돈을 받았다고 했다. 아뿔싸…, 나에게 일자리를 소개해 준 그 아줌마가 인신매매꾼이었던 것이다.

말하는 걸 보니 꽤 먼 거리를 가야 하는 모양이었다. 우리는 마음이 급해졌다. 시집가기로 하고 온 친구야 달라지는 것이 없으니 브로커를 따라가고, 일하러 나온 우리는 북한으로 돌아가자고 했다. 스스로 안전부에 가서 자수하자는 계획도 짰다. 그러다 너무 피곤해서 일단 한숨 자기로 하고 눈을 붙였다. 그때까지만 해도 그 상황이 얼마나 심각한지 제대로 실감하지 못했다.

몇 시나 되었을까? 아직 캄캄한 밤이었는데 브로커의 아내가 우리를 깨웠다. 지금 당장 가야 한다고 했다. 어디로 가느냐고 물어도 그저 따라오라고만 했다. 우리가 북한으로 돌아가겠다고 했더니 그 여자가 버럭 화를 내면서 "다 무릎 꿇어! 너희들 경찰 맛 좀 봐야겠다"하면서 소리를 질렀다. 갑자기 세게 나오니까 우리도 겁을 먹고 하라는 대로 무릎을 꿇었다. 그 여자는 너희들은 잡혀가서 혼쭐이 날 텐데 한번 당해보겠냐며 일장 연설을 했다. 지금 생각해보면 브로커나 그의 아내나 경찰을 만나면 우리만큼이나 곤란한 사람들이었는데, 그때는 우리가 중국 물정에 너무 어두워서 시키는 대로 할 수밖에 없었다.

우리는 환하게 가로등 불빛이 비치는 도로를 뛰듯이 걸었다. 한참을 걸어 한족 브로커한테 넘겨져 차를 탔다. 한족 기사가 모는 다른 차로 옮겨 탔다. 브로커가 다른 브로커에게 우리를 넘긴 것이었다. 그 차로 꼬박 15시간을 이동했다. 너무 차를 오래 타서 기진맥진해질 무렵 드디어 어느 동네에서 차가 멈췄다. 새로운 브로커의 아내가 우리를 맞았는데 그 사람도 북한 출신이었다. 우리는 말이 통할 것 같아서 그 여자에게 우리를 시집보내지 말아 달라고 부탁했다. 그러나 밥을 먹고 있는데 밖에서 나를 불러냈다. 인사할 새도 없이 나와서 또 차를 타고 조금 가서 보니 남자들이 많이 와 있었다. 내가 제일 먼저 팔렸던 것이다. 그들이 다시 나를 차에 태웠다. 13시간을 달려가서 도착해 보니 어느 산골의 광산 마을이었다.

나는 큰 충격을 받았다. 말문이 막혀서 계속 눈물만 흘렸다. 내가 너무 우니까 한 남자가 중국말로 나에게 무어라고 말을 걸었다. 한마디도 알아들을 수가 없었다. 내가 중국말을 못 알아들으니 그때부터 손짓 발짓이 동원되었다. 그가 나에게 자라고 손시늉을 했다. 마음 상태는 엉망이었지만 28시간을 차로 이동하다 보니 너무 피곤해서 저절로 눈이 감겼다. 얼마나 지났을까, 누군가 깨워서 일어나 보니 온 동네 사람들이 집 앞에 모여 있었다. 난생처음 보는 북한 여자였는지 동물원의 동물 보듯이 구경하러 나온 것이었다. 나는 말을 못 알아들으니까 무슨 일인지도 몰랐다.

그다음 날 잔치를 치르는데 나는 주는 밥을 먹고 방에만 가만히 앉아 있었다. 드디어 잔치가 열렸고 남편이라는 사람의 집으로 가게 되었다. 40대 중반, 지능이 낮고 자폐성 장애가 있는 남자였다. 처음에는 중국말을 몰라 눈치채지 못했는데 열흘쯤 지나 행동이 이상한 것이 눈에 들어와 장애인이구나, 알아차렸다. 말도 통하지 않고 정도 없는 사람과 중국의 시골 깡촌에서 강제로 산다는 것은 너무 끔찍한 일이었다. 무엇보다 나는 고향에 아들딸이 있지 않은가? 나는 아이들을 생각하며 하루하루를 눈물로 보냈다. 어떻게든 여기서 빠져나가야겠다고 마음먹었지만, 동네가 얼마나 외진지 도통 나갈 방법이 없었다.

나를 시작으로 그 동네에 북한 여자들이 차례로 팔려와 어느새 여덟 명으로 늘었다. 그중에는 열일곱 살밖에 안 되는 아이도 있었다. 우리는 21세기 성노예나 마찬가지였다. 모두 원하지 않는 사람에게 팔려가서 강제로 성생활을 해야 하는 비참한 처지에 놓여 있었다. 나를 산 남자는 지능이 낮아서 그랬는지 인성이 못돼서 그랬는지, 살가운 대화나 인정은 찾아볼 수 없었고 평소에는 바보처럼 행동하면서도 밤에는 그저 성행위에만 매달렸다. 하루는 그 남자의 강압이 너무 괴로워서 내복 바람으로 이웃집으로 도망쳐서 나 좀 살려 달라, 숨겨 달라, 애원했지만 따뜻한 인정 대신 돌아온 것은 주먹과 발길질이었다.

집에서는 우리가 도망갈까 봐 자나깨나 감시의 눈이 따라다녔다. 화장실을 가도 문 앞에 누가 지키고 서 있었다. 생활환경도 척박했다. 철광석이 나는 광산 지역이라 못사는 동네는 아니었지만, 사람들이 문명화되지 못했고 산골이라서 너무 추웠다. 낙이 없는 그 땅에서 다른 북한 여자들을 만나서 수다 떠는 것이 그나마 유일한 즐거움이었다. 우리는 함께 울기도 하고 가족 이야기도 나누면서 그리움을 달랬다.

내 건강 상태는 점점 악화했다. 두고 온 아이들 때문에 마음이 너무 괴로웠고, 덩달아 육체도 쇠약해졌다. 시름시름 앓다가 병원에 입원했고, 퇴원해서도 링거를 맞았다. 링거주사를 꼽고 누워 있는데 갑자기 이곳에서의 삶이 희망도 없고 빠져나갈 방법도 보이지 않는다는 절망감에 죽어야겠다는 충동이 일었다. 나는 맞고 있던 링거병으로 내 머리를 내리쳤다. 머리에서 피가 사방으로 튀었다.

자해 소동 이후 감시는 더욱 심해졌다. 억눌림이 심할수록 도망가겠다는 마음도 더 커졌다. 하루는 진짜 도망가겠다고 10위안을 챙겨 나와 뛰기 시작했다. 그러나 그 마을을 벗어나는 길이 하나뿐이라 금세 추격당했다. 5리 정도 갔을 때 오토바이를 타고 온 남편과 시동생에게 붙잡혔다. 나는 엄청나게 두들겨 맞고 나서 오토바이 뒤에 죽은 짐승 싣듯 실려서 집으로 끌려 왔다. 집에 와서 남편에게 종이에 북한 집과 인공기를 그려 보여주면서 집에 가고 싶다고 울면서 애원했다. 하지만 그 집 사람들은 내 손바닥에 숫자 14,000을 그려 보였다. 자기들이 나를 그 돈을 주고 샀으니 가려면 돈을 내놓고 가라는 뜻이었다.

두 번이나 도망친 나에 대한 경계와 감시는 더욱 극심해졌다. 이제는 누군가의 도움 없이 내 힘만으로는 탈출이 불가능했다. 그렇지만 나를 도와줄 사람이 어디 있겠는가? 절망스러웠지만 나는 탈출의 꿈을 접지 않았다. 그러던 어느 날, 북한 여성 한 명이 나를 도와주겠다고 했다. 그 친구는 중국에 아는 북한 사람들이 있어서 도움을 받을 수 있다고 했다. 열일곱 살짜리 아이도 나와 함께 탈출하기로 해서 우리는 치밀하게 계획을 세웠다.

그날은 마침 음력 설 명절이었다. 북한 여성들끼리 한방에 모여서 평소처럼 한국 드라마 '천국의 계단'을 보다가 정해진 시간에 화장실에 가는 것처럼 자연스럽게 나와서 준비된 차에 올라탔다. 1시간 넘게 달렸는데, 우리를 도와준 친구에게 연락이 왔다. 온 동네가 뒤집혔고 오토바이 행렬이 우리를 찾고 다니느라 난리라고 했다. 다행히 우리는 추격을 따돌리고 인근의 큰 도시까지 내달렸다. 우리를 구하러 오신 분들은 조선족 한 분과 북한 분이었는데 그분들도 브로커였지만 인정이 있었다. 함께 탈출했던 아이는 다시 좀 더 좋은 환경으로 시집을 갔고, 나는 일할 곳을 찾기로 했다. 나는 그렇게 연고하나 없는 중국의 한 도시에서 새로운 생활을 시작했다.

난생처음 예수

가까스로 그 산골에서 탈출한 후 나는 그곳에서 어떻게 살아가야 할지 막막했다. 원래는 다시 결혼이라도 해야 어떻게든 지낼 수 있는 상황이었지만 강제 결혼이라는 끔찍한 일을 겪고 나서 어떻게 다시 다른 중국 사람에게 시집을 갈 생각을 할 수 있겠는가. 나는 조용히 숨어 지내면서 일을 하고 싶었다. 돈을 벌기 위해 목숨 걸고 국경을 넘은 것이지 나 혼자 잘 살겠다고 온 것이 아니었으니까. 하지만 호구주민등록증도 없는 내가 어디서 어떻게 취직을 하고 정상적으로 이 땅에서 생활할 수 있을지 앞이 캄캄했다. 그때 뜻하지 않은 곳에서 도움의 손길이 왔다. 탈출을 도와주신 조선족 아주머니께서 나를 양딸처럼 돌봐주시고 자기 집에서 함께 살자고 호의를 베풀어 주셨다. 덕분에 나는 다시 팔려갈 위험에서 벗어나 안심하고 그분 집에서 지내게 되었다.

하루는 그분이 두꺼운 책을 보여 주며 이런 책을 본 적이 있는지 물었다. 성경책이었다. 나는 태어나서 한 번도 하나님이나 예수님에 대해 들어 보지 못했고 당연히 성경을 본 적도 없었다. 아주머니는 그런 나를 조선족 교회에 데려갔다. 그 당시 아주머니도 신앙심이 깊었던 것은 아니다. 다만 조선족이 귀한 지역이어서 다른 조선족들과 교제할 수 있는 곳이 교회였고, 본인이 나가 보고 나에게 도움이 되겠다 싶어서 데리고 간 것이었다.

난생처음 가본 교회는 신기했고, 생소한 것 천지였다. 특히 설교는 들어도 무슨 말인지 도통 알아들을 수가 없었다. 북한에서 주체사상만 머리에 인이 박이도록 학습해와서 하나님이라는 개념 자체가 없는 상태였으니 당연했다. 그래도 중국의 외진 동네에 조선말을 할 수 있는 곳이 있다는 사실이 신기했고, 마음이 뻥 뚫리는 것 같았다. 잘하지도 못하는 중국말을 떠듬거리면서 상대방의 말도 제대로 알아듣지 못하고 살다가, 편하게 말이 통하는 사람들과 만나니 확실히 위로가 되었다. 신앙심은 없었지만 그 덕분에 매주 교회에 나가기 시작했다.

그러던 어느 날, 찬송을 듣는데 갑자기 눈물이 터져 나왔다. '반드시 내가 너를', '예수 안에 있는 나에게' 같은 복음성가나 '나 같은 죄인 살리신' 같은 찬송가를 부르는데 그날따라 그 노랫말과 가락이 마음에 다가왔다. 두고 온 세 살, 다섯 살짜리 아이들이 너무 보고 싶고, 엄마 노릇도 하지 못하는 내 처지가 가련했다. 그러자 자연스럽게 내 입술에서 북에 있는 가족들을 위한 기도가 쏟아져 나왔다. 찬양하며 하나님의 사랑을 경험하면서 나는 더 열심히 교회에 다녔고 말씀도 읽고 마음으로 의지하며 불안한 타향살이를 하는 나그네의 외로운 마음을 하나님 안에서 달랬다.

이런 나에게 교회 식구들은 편견이나 배척이 아닌 사랑으로 다가와 주었다. 그리고 종이에 프린트해서 만든 책으로 수요일 저녁마다 성경공부를 할 수 있게 도와주었다. 나를 정말 하나님의 사랑으로 품어주며 우리 가족을 위해, 또 내 고향 땅이 복음으로 통일이 되길 함께 기도했다. 나중에 시내에서 상당히 떨어진 곳에 있는 한 기업 식당에서 일하며 기숙사에서 지낼 때도 그 먼 길을 찾아와 기도해주고 조건 없이 사랑해주었다. 그런 교우들의 사랑이 나에게 큰 위로와 격려가 되었다.

처음 일자리도 교회를 통해 소개받았다. 중국에 흔한 양꼬치구이집 주방이었다. 하지만 겨우 열흘밖에 일을 못 했다. 접대하는 중국 아이들이 전달하는 메뉴를 제대로 알아듣지 못했기 때문이다. 역시 언어 소통이 문제였다. 다행히 교회를 통해 다시 한국 식당의 주방 일을 소개받았다. 언어의 불편이 없으니 일하기가 훨씬 좋았다. 다니던 교회가 식당과 가까워서 틈틈이 교회에도 나갈 수 있었다. 하지만 거기도 오래 다니지는 못했다. 일을 시작한 지 두 달 정도 지난 어느 날, 갑자기 공안이 들이닥쳐서 직원들의 신분을 확인했다. 사모님이 급히 주방에 들어와서, 공안이 왔다고 빨리 피하라고 재촉했다. 너무 놀라 곧바로 앞치마를 벗고 허둥대다가 손님인 척 밖으로 빠져나왔다. 나는 그 즉시 집으로 가서 언제라도 피신할 수 있도록 짐을 쌌다. 잡히면 끝이라는 나의 처지가 새삼 실감되었다.

그런 일을 당하고 보니 그 식당에서 더 일하기가 두려웠다. 기껏 구한 직장을 또 이렇게 놓치는구나 싶어 상심했는데, 다행히 탈북인 친구가 좋은 식당 자리를 소개해 주었다. 조선족 회사의 직원 식당이었다. 기숙사도 있었고 말도 통하니 불편이 없었다. 다만 보수가 적어서 아르바이트를 더 해야 했다. 나는 새벽 2시부터 한국인들이 아침을 먹으러 오는 식당에서 아침 식사를 준비하는 일을 구했다. 자전거로 40~50분씩 오고 가며 음식도 만들고 요리도 배웠다. 주방장의 조수 역할이었다. 아침 7시까지 음식을 준비했고, 10시면 아침 식사가 끝났다. 그렇게 오전 일을 마무리하면 다시 회사 식당에 출근해서 점심을 만들었다. 오후에는 다시 동네 당구장 사장님 집에서 가사 도우미 일을 했다.

나는 그런 내 처지에 별 불만이 없었는데 나를 돌봐주신 조선족 아주머니는 보수가 적어서 고생하는 내가 안쓰럽다며 다른 직장을 알아보자고 했다. 그 뒤 당구장 사장님의 소개로 한국회사 식당에 면접을 보았다. 이전에 일하던 분도 탈북자였는데 일을 야무지게 잘해서 그 회사 사장님은 탈북자를 고용하고 싶어 했다. 나는 곧바로 그 한국회사 식당으로 출근하게 되었다.

그 회사에는 사장님을 포함해 서너 명의 한국 직원이 있었고, 나머지는 중국 아가씨들이었다. 젊은 아가씨들 밥 먹는 모습을 보면 두고 온 아이들이 아른거려 최대한 잘해주려고 애를 썼다. 퉁명스러운 아주머니들만 만나왔던 아가씨들은 살갑게 대하는 나에게 마음의 문을 열었고, 나는 그들과 허물없이 지낼 수 있었다. 물론 내가 탈북자라는 사실을 철저히 숨겼기 때문에 사장님과 다른 몇 분 외에는 모두 나를 조선족으로 알았다.

회사가 시내에서 떨어져 있어서 나는 기숙사에서 지냈다. 교회에서 멀어졌지만 예배가 있는 날이면 전동자전거를 타고 교회에 나갔다. 지금도 성탄절에 율동대회에 나갔던 기억이 난다. 두어 해 전 12월에 그 지역에 다시 갈 일이 있어서 버스를 타고 갔다가 깜짝 놀랐다. 기숙사에서 교회까지의 거리가 내 기억보다 훨씬 멀었다. 내가 어떻게 이 먼 거리를 오가며 교회에 빠지지 않고 출석했을까. 하나님의 은혜가 아니면 설명이 되지 않는 일이다. 돌이켜보면 중국에서는 회사에 다니며 그렇게 지냈을 때가 가장 좋았다. 생활도 만족스러웠고 마음에도 여유가 있었다. 봉급도 넉넉해서 북한에 있는 가족에게 송금도 할 수 있었다. 몸은 비록 멀리 떨어져 있었지만, 조금이나마 어미 역할을 하는 것 같아서 마음의 짐이 덜어진 기분이었다.

자유의 문이 닫히고

5월 1일 노동절이 끝난 다음 날 아침이었다. 그날은 타 기업 견학이 있어서 반장 이상의 사무실 직원들은 모두 자리를 비워 몇몇 직원과 차장님 한 분만 자리를 지키고 있었다. 내가 식료품 재고를 확인하고 장부를 작성하고 있는데 경비아저씨가 중국말로 나를 찾았다. 문을 열어 보니 당황스럽게도 공안 두 명이 경비와 이야기하고 있었다. 공안이라면 당연히 놀랄 수밖에 없는 처지였지만 짐짓 태연하게 왜 찾았는지 물었다. 공안은 '밥하는 아줌마냐, 물어볼 것이 있다'면서 돼지고기 이야기를 꺼냈다. 당시 돼지 전염병이 돌아서 시장에서 돼지고기를 팔지 못하게 했는데 혹시 돼지고기를 쓰고 있느냐는 질문이었다. 꺼림칙했지만 식품 위생 일로 나온 것 같아서 성심성의껏 대답했다. 그러자 공안은 주방에 들어가 보자고 했다. 주방으로 안내했더니 대뜸 내 중국어 억양을 지적하며 '억양이 사투리 같은데

이 동네 말 같지가 않다. 어디 사람이냐?'고 물었다. 나는 조선족 행
세를 해야 했기에 연길 사람이라고 둘러댔지만, 공안은 사원증을 보
자며 추궁했다. 사원증을 발급받으려면 파출소에서 확인을 받아야
했다. 하지만 나는 호구도 없으니 사원증이 있을 리 없었다. 집에 놓
고 왔다고 둘러댔지만 공안은 기어코 파출소에 가서 사원증을 확인
하자고 했다. 공안은 사실 나에 대한 신고를 받고 위생검사를 핑계
로 나를 잡으러 온 것이었다.

　꼼짝없이 파출소에 갈 수밖에 없게 된 나는 차장님께 말씀드렸
다. 차장님은 사장님도 없는데 어딜 가느냐고 말리며 몹시 걱정하셨
다. 차장님이 급하게 사장님과 다른 직원들에게 전화했지만 하필 그
시간은 견학 중이라 전화기가 모두 꺼져 있었다. 공안의 독촉에 나
는 기숙사에 가서 신발을 바꿔 신고 핸드폰만 챙겨 나와서 공안을
따라갔다.

　파출소에서 내 이름과 지역을 조회했고, 당연히 조회되지 않았
다. 그때부터 공안과 나 사이에 긴 씨름이 시작되었다. 공안은 솔직히
말하면 도와주겠다며 나를 구슬렸고, 나는 끝까지 아니라고 잡아뗐
다. 그렇다고 가만히 있을 사람들인가. 공안은 나의 바지주머니에 있
는 소지품을 꺼내보라고 하였다. 핸드폰과 A4용지에 쓴 글이 있었다.
'오! 주여 한 많은 나를 도와주시옵소서'라고 써 있는 종이였다. 파출
소 앞 길 건너에 있는 한국회사 사무실 직원에게 번역하라고 시켰다.
거기에는 내가 처한 처지와 진술한 심정이 적혀 있었고, 그 내용은 고
스란히 공안국에 전달되었다. 나는 점점 막다른 골목으로 몰려갔다.

그때 사장님에게 전화가 왔다. 나는 사장님께 "마음의 준비는 되었어요. 감사했고 미안합니다" 하고 말씀드렸다. 그렇지만 사장님은 아직 그런 말을 하기에는 이르다며 할 수 있는 최선을 다해 보겠다고 말씀하셨다. 얼마 후 파출소 창문으로 사장님 차가 왔다 갔다 하는 것이 보였다. 아마 이곳저곳을 찾아다니며 나를 구할 방법을 알아보는 것 같았다. 생면부지인 나를 생각해주고 안타까워하는 것이 느껴져서 그 위태로운 상황 속에서도 감사했다.

파출소 분위기는 점점 경직되었다. 제대로 말하라는 공안의 호통이 이어졌고 심문 강도도 세졌다. 그러다가 한 여자 공안이 나에게 다가오더니 대뜸 조선말로 "당신 어디서 왔어?" 하고 추궁했다. 50대로 보이는 그의 옷에 달린 별을 보니 직위가 높거나 상부에서 내려온 사람이었다. 아, 이제는 안 되겠구나… 직감했다. 나는 결국 북한에서 왔다고 솔직하게 이야기했다.

그 뒤로는 조사가 간단하게 끝이 났다. 결국 잡혀갈 처지가 된 것이다. 회사 사무실에서 일하는 조선족 장 아주머니께 기숙사에서 내 사품개인물품을 챙겨 달라고 부탁했다. 장 아주머니는 트렁크에 옷을 최대한 많이 담아 와서 건네주며 펑펑 울었다.

나는 곧 중국 구치소로 이송되었다. 짐을 챙겨주신 장 아주머니와 김 차장님이 와서 바래다줄 수 있는지 공안에게 문의했고, 공안 차에 같이 타도 된다는 허락을 받았다. 우리는 같이 차를 타고 가는 동안 아무 말도 꺼내지 못했고 그저 목만 메었다. 다시 만날 기약도, 살아남을 기약도 없는 길임을 알기에 서로 눈물만 흘렸다. 한참 뒤에 장

아주머니는 "왜 나에게 말 안 했나… 내가 알았으면 빼돌려서 회사 식당 말고 가정부 일을 소개해서 들키지 않게 했을 텐데…" 하며 안타까워했다.

한 시간 넘게 달리던 차가 구치소 앞에서 멈췄다. 장 아주머니와 차장님이 나를 안고 울었다. 나도 같이 울었다. 차장님이 중국 돈 2천 원을 주면서 사장님께서 주시더라고 하며 혹시 모르니 챙겨가라고 했지만 미안해서 조금만 받았다. 차장님은 물기 가득한 눈으로 꼭 살아서 다시 오라고 당부했다. 사장님이 많이 애를 썼지만 일이 이렇게 돼서 미안하다면서 사장님은 차마 내 얼굴을 못 볼 것 같아서 못 나오셨다고 했다. 이렇게 나를 생각해주는 분들이 있다는 것이 잡혀가는 상황에서도 위로가 되었다.

구치소에서는 12일 정도 구류되어 있었다. 곧 북송될 거라는 생각에 스트레스가 심했다. 정확하게 어떤 처분을 받게 될지도 모르고 물어볼 곳도 없으니 돌아가면 총살이라도 당하게 될까 봐 전전긍긍했다. 식사로 빵이 나왔는데, 스트레스로 소화도 안 되는 데다 평소 먹던 음식이 아니어서 구토가 나왔다. 구치소 측에서 의사를 불러 주었는데 의사는 빵으로 안 될 것 같다면서 혹시 챙겨온 돈이 있는지 물었다. 감옥에서도 돈이 필요하다는 걸 그때 알았다. 가진 돈이 충분치 않았는데 마침 함께 교회에 다니던 교우 한 분의 연락처가 생각나서 전화로 5백 원 정도 보내 달라고 부탁드렸다. 덕분에 빵 대신 먹을 만한 다른 음식을 사 먹을 수 있었다. 장 아주머니가 옷 가방을 싸주면서 내 지갑도 챙겨서 한쪽 구석에 넣어 둔 것은 나중에 알았다. 감옥에서도 돈이 요긴하니 잘 챙겨놓았다. 중국 구치소 생활은 불편했지만, 북한 수용소와 비교하면 천국이었다는 것을 그때는 알지 못했다. 그저 창살 사이로 보이는 자유로이 날아다니는 새가 부러웠다. '이 순간 새라도 되면 얼마나 좋을까? 왜 우리는 자유를 누리며 살지 못할까?'

그래도 우울하게 있어서 좋을 것이 없으니 쾌활하게 지내려고 애를 썼다. 함께 갇힌 중국 죄수들과도 친하게 지냈다. 하루는 휴식 시간에 중국 죄수들에게 "내가 노래 한 곡조 뽑아 볼 테니 들어보겠는가?" 했더니 한번 해보라며 멍석을 깔아주었다. 나는 신문을 말아 쥐고 마이크 삼아 노래를 불렀다. 아마도 한국가수 김종환 씨의 '백 년의 약속'을 불렀던 것 같다. 다들 깔깔거리며 잘 부른다고 좋아했다.

노래 한 곡을 다 부르고 분위기가 흥겨워진 바로 그때, 갑자기 철문이 열리더니 간수가 폼을 잡으며 들어왔다. 간수가 '임사라, 앞으로 나와!' 하더니 죄수들 앞에 나를 세워 놓고 철창 안에서 노래하고 웃었다고 처벌하겠다고 했다. 분위기가 싸해졌다. 내가 잘 몰랐다고, 언어가 서툴러서 그랬다고 하니까 그제야 간수는 짐짓 큰 아량을 베푼다는 듯이 한 번만 특별히 용서해주겠다며 넘어갔다. 그렇게 위기 일발의 상황을 넘기고 다시 자리로 돌아가는데 다른 죄수들이 "간수들도 카메라로 재미있게 봤으면서 괜히 들어와서는 뭐라 한다"며 내 편을 들어주었다.

짧은 구치소 생활이 끝나고 나는 다시 이송되었다. 국경 가까이로 가고 있다는 것을 짐작할 수 있었다. 결국은 북송되는 것이었다. 봉고차 크기의 이송 차량에 앉았는데 내 옆에 열일곱 먹은 여자아이가 있었다. 계속 울먹이던 아이에게 어디서 왔는지 물었더니 양강도의 한 마을에서 왔다고 했다. 새파랗게 질려 있는 어린 여자아이가 그간 얼마나 모진 고초를 당하다가 결국 끌려왔을지… 일일이 사정을 말하지 않아도 알 것 같아서 마음이 미어졌다. 우리는 어디인지도 모르는 여러 지역을 지났다. 나는 감옥에서도 돈이 필요했던 일이 생각나서 차 안에서 몰래 지갑에서 돈을 조금 꺼내 작은 비닐 쪼가리에 꽁꽁 싸서 몸 안에 숨겼다. 그런데 내가 뒤에서 꿈틀꿈틀하니까 운전사는 내가 뭘 하는지 다 아는 것 같았다. 얼마나 많은 탈북민이 나처럼 그가 운전하는 차를 타고 국경으로 보내졌을까?

중국은 참 넓은 나라다. 가도 가도 길이 끝없이 이어졌다. 우리는 봉고차로 갔다가 다시 2층짜리 침대 기차로 갈아탔다. 물론 침대 기둥에 수갑이 채워진 상태였다. 그때 문득 내가 챙겨온 옷 중에 한국 라벨이 붙은 옷들이 있다는 생각이 났다. 혹시나 북한에서 발각되면 꼬투리가 잡힐까 봐 창문 밖으로 다 버렸다. 도통 잠을 이룰 수 없었고 많은 생각이 엉켜 머릿속이 복잡했다. 멀미가 나서 수면제를 받아 먹고 억지로 잠을 청했다.

그렇게 오랜 시간을 달리고 달려 드디어 조중 국경 단동 변방대에 도착했다. 나는 인솔해온 공안에게 내가 들고 갈 가방 하나를 빼고 핸드폰과 트렁크 등 나머지 물건들을 다 가지라고 주면서 대신 전화 좀 하게 해달라고 부탁했다. 공안은 내가 준 물건이 마음에 들었는지 통화를 허락했다. 교회 집사님들과 나를 챙겨주셨던 분들, 나를 마지막까지 배웅했던 장 아주머니께 일일이 전화를 드렸다. 전화하는 족족 말을 잇지 못하고 울음바다가 되었다. 시간이 없어서 이별의 통화는 그렇게 슬프고도 아쉽게 끝이 났다.

변방대에서는 보통 일정 인원이 차야 북한으로 보낸다. 그런데 물품을 받은 공안이 기분이 좋았는지 나에게는 자신이 변방 대장을 잘 안다면서 그날로 보내주겠다고 했다. 변방대에서는 내가 숨긴 중국 돈이나 금붙이가 있는지 몸 검사를 한 뒤 점심을 먹고 오후 5시 쯤 다른 여자 두 명과 같이 차에 태웠다. 함께 탑승한 통역원이 북한을 가리키며 "저기가 너희 조국이다"라고 말했는데, 조국이라는 단어가 수갑을 찬 죄인인 내 처지와 겹치면서 기묘한 느낌이 들었다. 33세에 나와서 38세에 다시 내 조국에 죄수가 되어 끌려가게 된 심정을 뭐라고 표현할 수가 없었다.

그 와중에 같이 북송되던 옆 사람은 정신이 나갔는지 저기가 남한이냐 북한이냐 그러고 있었다. 북으로 들어가는 차 안에서 쉴 새 없이 눈물이 흘렀다. 다리를 건너고 점점 가까워지는 북한의 모습은 너무나 초라하고 서글펐다. 그나마 나에게 열렸던 자유의 문이 다시 닫히고 있었다.

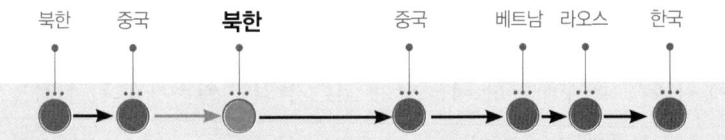

북한   중국   **북한**   중국   베트남   라오스   한국

로마서 8장 18절

생각하건대 현재의 고난은 장차

우리에게 나타날 영광과 비교할 수 없도다

설마 죽기야 하겠나

반역자

소위 '비법월경자'를 실은 수송차가 다리를 건너 북한으로 들어왔다. 연고 없는 타지에서 강제로 팔려 가고부터 꿈에서라도 돌아오고 싶었던 이곳, 그 누구보다도 만나고 싶은 자식과 가족들이 있는 나의 고향, 그러나 그때 나에게는 조국의 반역자라는 꼬리표가 쇠사슬처럼 붙어 있었다.

5년 만에 돌아온 조국은 참으로 보잘것없었다. 5년이나 지났는데도 이 나라의 시간은 멈춘 것만 같았다. 길거리 사람들의 초라하고 색 바랜 옷차림도 여전했고 건축 현장에서도 제대로 된 장비조차 없어서 일꾼들이 인력으로 시멘트를 날랐다. 심지어 우리를 인수한 보위부 간부들조차 무릎이 튀어나온 낡은 바지를 입고 있었다. 이 땅에서는 번듯하게 차려입어야 할 이들의 옷차림에도 열악한 결핍의 흔적이 녹아 있었다.

만감이 교차하는 이 감정에 뭐라 이름 붙이기도 전에 변방대 차가 멈춰 섰고, 나와 다른 죄수들은 내쫓기듯 차에서 내렸다. 오랜 방랑 끝에 오랜만에 맡아보는 조국의 냄새는 짭조름하면서도 어딘가 서러운 단내가 났다. 주변을 돌아볼 새도 없이 내 앞에 일그러진 표정으로 서 있던 보위부 소장은 우리를 경멸하는 얼굴로 다짜고짜 욕지거리를 던졌다. 우리는 "이년들 어디 조국을 배반하고…" 차마 옮겨 적을 수 없는 온갖 '간나새끼' 소리를 들으며 구류장으로 이송되었다.

그들은 우리를 문 앞에 세워놓고 나보고 어디서 왔냐고 물었다. 최대한 고분고분한 자세로 "회사에서 일하다 왔습니다" 하고 대답했다. 순간 분위기가 싸늘해졌다. 나도 모르게 남한 말투가 튀어나왔던 것이다. 내 말이 끝나기가 무섭게 보위부 소장은 나를 죽일 듯이 쳐다보며 "야, 이 간나새끼, 남조선 말을 한다!" 하며 쌍욕을 퍼부었다. 중국에서 공안에게 잡혀가지 않으려고 필사적으로 남한 말씨를 연습했던 습관이 여기서는 오히려 나를 궁지로 몰아넣었다.

그 순간 머리카락이 곤두서고 온몸에 소름이 돋았고, 다리까지 후들거렸다. 그도 그럴 것이 보위부 심문 과정에서 '기독교를 접했는가, 한국 드라마를 봤는가, 한국 사람을 만났는가'와 같은 질문이 반드시 나오는데 초장부터 아예 남한 말투를 쓰고 있었으니 난 이제 끝장이구나 싶었다. 그날부터 구류장에서 나의 별명은 남조선 말투를 배워서 돌아온 '괴물'이었다. 간수들은 감방을 다니면서 다른 죄수들에게 '이번에 괴물이 들어왔다'는 소문을 냈고, 죄수들은 '무슨 짐승이 들어왔다는 말이냐?' 하면서 수군거렸다.

죄수들은 처음 구류장에 실려 오면 모든 물건을 빼앗긴다. 그 물건에는 이름을 적어서 창고에 보관했는데 그 죄수가 이동하면 물건도 함께 보내진다. 눈에 보이는 소지품들을 빼앗은 뒤에도 몸 안에 불법 물품을 숨기지 않았는지 철저히 검사한다. 간혹 죄수들이 금목걸이나 반지같이 돈이 되는 물건을 빼앗기지 않으려고 미리 입으로 삼켜서 위장에 보관했다가 나중에 화장실에서 찾는 일도 있었다. 나는 북한에 들어오기 직전, 끌려오는 차 안에서 중국 돈 천 원을 몸 안에 숨겼었다. 그러나 이곳 구류장에서 그런 술수는 어림도 없었다. "몸 검신에서 나오면 가만두지 않겠다"며 으름장을 놓은 간부는 우리를 건물 안 어딘가로 데리고 갔다. 첫 번째 방에서는 옷 안팎의 소지품을 구석구석 점검했다. 그러나 거기서 끝이 아니었다. 얼마나 지독하게 검사를 하는지 여자들만 따로 불러서 검사를 한 차례 더 했다.

바닥에는 세숫대야에 물이 담겨 있었고, 우리는 지시에 따라 옷을 벗고 바닥에 쭈그려 앉았다. 한 여자 군의가 노란 고무장갑을 끼고 질에 손을 넣어 금품을 숨겼는지 여자 죄수들의 몸 구석구석을 뒤졌다. 그렇게 한 사람의 몸을 검사하고 나면 세숫대야에 손을 씻은 뒤에 다음 사람의 몸을 뒤졌다. 난생처음 이런 광경을 보면서 질병을 옮기지나 않으면 다행이라고 생각했다. 내 차례가 되었고, 내 몸을 검사하던 여간수의 표정이 점점 미묘해지더니 급기야 내 눈을 마주 보면서 "이 간나새끼, 어디서 돈을 숨겨놓고도 시치미를 떼는가!" 하며 난리를 피웠다. 아직 몸에 있던 중국 돈 천 원이 짚어진 것이었다. 돌아온 조국에서의 끔찍한 첫날 풍경이었다. 남한 말씨와 숨겨놓은 돈 때문에 첫날부터 열두 간나를 넘어선 욕설이 내 두 귀를 가득 채웠다.

모든 검사를 마치자 감방 번호와 죄수 번호가 나왔다. 감방 안에 앉아 있자니 벌써 소문이 퍼졌는지 간수들이 번갈아 나를 구경하러 왔고, 심지어 과장된 남한 말씨로 말을 걸며 조롱했다. 같은 방 죄수들은 그때에야 그 '괴물'이라던 작자가 나인 것을 알아채고는 그 남한 억양을 빨리 고치지 않으면 매를 맞을 수 있다며 걱정 어린 조언을 해주었다.

중국에서의 바쁜 생활을 뒤로하고 끌려온 그곳에서는 온종일 아무것도 하지 않고 부동자세로 앉아 있어야 했다. 새벽 다섯 시부터 저녁 열 시까지 일과라고는 돌처럼 가만히 양반다리로 앉아서 두 손은 무릎 위에, 고개는 90도로 숙이고 있는 게 다였다. 조금이라도 몸을 들썩이는 모습이 카메라에 찍히면 영락없이 간수가 와서 구둣발로 사정없이 걷어찼다. 온몸이 근질근질하고 답답해서 차라리 밖에서 노동하는 편이 낫겠다는 생각마저 들었다. 하지만 그것도 자기 순번이 되어 취조를 받고 난 뒤에나 가능한 일이었다. 그렇게 몇 차례 걷어차이고 나니 몸이 알아서 돌처럼 굳어졌다.

변소도 마음대로 갈 수 없었다. 참을 수 없는 요의를 느끼는 경우에만 손을 번쩍 들고, "선생님! 0호실 0번 소변볼 수 있습니까?" 이렇게 신청해야 했다. 그러고는 변소도 따로 없고 같은 방 죄수들에게 다 보이는, 문도 없고 벽도 없는 구석 공간에서 볼일을 봤다. 식사도 형편이 없었다. 기다리던 밥 시간이 되었건만 나는 감방 음식을 보는 순간, 눈물이 핑 돌았다. 몇 숟가락 안 되는 밥에 시커먼 무시래기와 옥수수가루, 두부 콩 찌꺼기 조금이 다였다. 심지어 무시래기도 몇 년 동안 절인 상태로 한쪽에 처박아 놓았던 것을 주었다. 그 역한 냄새와 생김새를 어떻게 설명할 길이 없다. 남한에서는 한낱 짐승에게도 주지 않을 수준의 음식이었다. 중국에서 어렵게 살림을 꾸려 나갈 때도 이 정도는 아니었는데, 아무리 붙잡혀 온 죄인이라고 해도 그렇지 도저히 먹을 엄두가 나지 않았다. 나이 어린 죄수들에게 내 몫을 다 나누어 주고 세 끼를 내리 굶고 나니 옆에 있던 어린 죄수가 "그래도 입에 넣으세요. 여기 하루이틀 있을 것도 아니고, 이 밥이라도 먹어야 살 수 있어요"라며 권했다. 그의 말에 정신이 번쩍 들었다. 그래, 어떻게 해서든 살아야 했다. 나는 이거라도 먹고 견뎌야지 하는 마음으로 그 역한 것을 입에 열심히 욱여넣었다.

한동안 소식이 없던 내 위장에서 갑자기 신호가 왔다. 평소 같았으면 평범한 용변 시간이었겠지만 이 시기만큼은 간수들도 민감했다. 몸에 숨겨둔 중국 돈 천 원 때문이었다. 이미 발각된 마당에 그 돈은 나오는 순간 남의 것이나 마찬가지였다. 나는 부동자세로 앉아 있다가 손을 들어 "선생님, 돈을 빼야 하는데 화장실에 가도 됩니까?" 하고 물었다. 잠시 후, 천 원이 더러운 오물과 함께 몸 밖으로 나왔다. 냄새가 얼마나 고약한지 물로 비비고 비누로 깨끗이 씻어도 더러운 냄새가 가시지 않아서 간수들에게 욕을 먹고 다시 화장실로 보내졌다. 혹시나 해서 치약으로 돈을 벅벅 닦았더니 신기하게도 냄새가 싹 가셨다. 애석하게도 그 돈은 찢어지지도 않았다. 나의 피와 땀과 눈물이 녹아든 돈이 이제 영원히 내 손을 떠난다고 생각하니 한없이 서러웠다.

그때 문득 한 가지 꾀가 떠올랐다. 간수 선생이 돈을 전부 세 보지는 않겠지 싶었다. 잽싸게 천 원 중 오십 원을 따로 챙겨놓고 나머지만 간수에게 태연하게 갖다 바쳤다. 그리고 그 오십 원 한 장을 돌돌 말아 담요 실밥으로 고정해서 마룻바닥 작은 틈에 재빨리 감추었다. 나중에 여기서 나갈 때 가지고 나가야지, 생각하니 희미한 웃음이 절로 나왔다. 그날부터 매일 마루 틈새를 보며 마음의 위로를 얻었다.

그러던 어느 날, 갑자기 간수가 남자 죄수들 무리를 데리고 들이닥쳤다. 무슨 일인가 싶어 어리둥절해 있는데 간수가 "일어섯!", "뒤로 돌앗!" 하고 외쳤다. 우리는 시키는 대로 일어서서 뒤로 돌아 벽에 고개를 박고 섰다. 그러자 지금부터 감방을 바꿀 테니 각자 짐을 챙겨 이동하라고 명령했다. 아차 싶었다. 마룻바닥에 숨긴 돈을 챙길 겨를은 없었다. 지옥 같은 감방 생활의 한 가닥 위로가 사라졌다. 실망이 이루 말할 수가 없었고 누워도 잠이 오지 않았다.

다음날, 나는 용기인지 오기인지 알 수 없었지만 손을 번쩍 들고 "아무개 선생님을 만날 수 있습니까?" 하고 소리쳤다. 내가 만나려고 했던 간수는 죄수들의 짐을 관리하는 보위부 직원이었다. 그는 영문도 모르고 불려 와서 '무슨 개수작을 부리려고 나를 찾았는가?' 하고 물었다. 나는 겁도 없이 자초지종을 털어놓고 그 오십 원을 찾아서 선생께 드리겠다고 말했다. 내가 가질 수는 없어도 차마 마룻바닥에서 썩히고 싶지는 않았다. 돌이켜 생각해보면 별것도 아닌 그 돈이 그때는 왜 그렇게 눈에 밟혔는지 모르겠다.

간수는 내 말이 끝나기가 무섭게 '개수작 치지 말라'고 호통쳤지만 주겠다는 걸 마다할 사람은 없었다. 이전 감방으로 나를 데려간 간수의 한 마디에 새로 이사 온 남자 죄수들이 기계처럼 벌떡 일어나 벽을 보고 뒤돌아섰다. 나는 마룻바닥에 있던 돈을 꺼내 그에게 바쳤다. 공돈이 생긴 간수는 대놓고 티를 내지는 않았지만 은근히 기분이 좋아 보였다.

며칠 뒤에 내 차례가 와서 드디어 취조를 받으러 갔다. 부동자세에서 졸업해 밖에서 일할 수 있다는 생각에 기뻤지만, 한편으로는 매를 맞아가며 조사를 받았던 앞사람이 떠올라 다리가 후들거렸다. 죄수들은 판자 같은 것으로 맞았는지 온몸에 멍이 든 채 매일 밤 울면서 감방으로 돌아왔다. 나는 제발 좋은 간수를 만나게 해달라고 간절히 기도했다.

취조받는 방에 들어가자 나이가 지긋하고 무뚝뚝해 보이는 보위원이 앉아 있었다. 나는 삼사일 정도 조사를 받았는데 다행히 그 간수는 나를 때리지 않고 점잖게 말로 취조했다. 정말 감사한 일이었다. 자백서를 써야 하는데 강도나 절도 같은 범죄를 저지른 것이 아니라 단순한 비법월경자이다 보니 자백서가 자연스럽게 기행문이 되었다. 어디서 어떻게 팔려갔고 무슨 일을 했으며 어떻게 살았는지를 한 줄 한 줄 써 내려가는데 맘속에 회한이 차올랐다. 그래도 돌이켜보면 인신매매의 희생자가 되어 학대와 두려움, 공포 속에 떨었던 끔찍한 순간들이 많았지만 그 가운데서도 반짝이는 희망의 순간들이 있었다.

낯선 엄마

취조를 마친 다음 날부터 노역에 동원되었다. 전에 있던 벽돌담을 헐고 새로 벽을 치는 공사였다. 밑에서는 시멘트와 자갈을 섞고 그 섞인 시멘트와 자갈을 어깨에 지고 담벼락 위로 매고 올라가면 위에서는 그것을 틀에 붓고 꾹꾹 눌렀다. 나에게는 담 위에서 죄수들이 이고 온 내용물을 틀에 넣어 누르는 일이 맡겨졌다. 시멘트와 자갈을 섞고 이고 지고 나르는 작업보다는 쉬웠다. 나에게 오십 원을 받은 간부가 그나마 쉬운 작업으로 빼준 것 같았다. 그렇다고 마냥 편한 일은 아니었다. 일이 워낙 고돼서 매일 입이 부르트고 다리가 저렸다.

게다가 일하는 내내 보위부 직원들이 붙어 다니면서 감시했다. 이상한 대화를 하지는 않는지, 도망갈 궁리를 하지는 않는지. 심지어 직원들도 자기들끼리 서로 감시했다. 어떤 간수가 와서 이야기하고 가면 곧이어 다른 간수가 와서 "그 선생이 무슨 이야기를 하더냐?"

하며 대화 내용을 확인했고, 담당 죄수들에게 간수가 와서 뭐라고 하는지 알아봐 달라는 식이었다. 서로를 믿지 못하게 하는 이 나라의 뿌리 깊은 불신 체제가 실감났다.

죄수들에게는 고무신을 주었는데 발에 제대로 맞지도 않는 엄청 큰 고무신이었다. 게다가 고무신 뒤축을 일부러 가위나 칼로 싹둑 잘라 놓아 죄수들이 도주하지 못하도록 미리 손을 썼다. 뛰는 것은 고사하고 걷기도 힘들었고 살갗이 까져서 물집이 잡히고 피가 났다.

일이 힘들었지만 젊은 시절 평양에서 돌격대 소속으로 건설 일을 했던 경험이 빛을 발했다. 건설 현장 일은 대부분 젊었을 때 해 봤던 것이라 머리에서는 기억이 안 나도 일의 방식과 요령을 몸이 기억하고 있었다. 덕분에 일반 죄수들이 어려워하는 일에도 내가 곧잘 실력을 발휘했다. 동료 죄수들은 여걸이 왔다며 좋아했고 나는 그런 상황에서도 유머 감각을 살려 삭막한 노동 현장의 분위기를 농담으로 풀곤 했다. 이런 나를 좋게 봤는지 어느 날부터 누군가 나를 '물망초'라고 부르기 시작했다. '물망초'는 '다람이와 고슴도치'라는 북한의 유명한 만화 영화 속 동물인데, 비록 부정적인 인물이지만 그중에서는 똑똑한 녀석이었다. 건설 일을 잘 알고 말도 재치 있게 잘한다고 붙인 별명 같았다.

구류장 소장이 공사 현장을 방문했다. 노동에 동원되었던 죄수들이 하던 일을 멈추고 간부들의 지시에 맞추어 일사불란하게 집합 대형을 만들었다. 험악하게 생긴 소장이 우리를 쭉 둘러보더니 갑자기 내 앞에 와서 섰다. 그러더니 "네가 물망초인가?" 하며 말을 시켰다.

간부회의에서 내 이야기가 나왔던 모양이었다. 힘들지 않느냐고 물어보길래 조금 힘들다고 대답했더니 "씩씩하게 '힘들지 않습니다!' 라고 해야지!" 하며 껄껄 웃었다. 구류장 소장이 전체 앞에서 나에게 말을 걸어오니 인정받는 느낌이 들어서 어깨가 으쓱했다.

그곳 구류장에서 한 달가량 머물렀다가 인근 집결소로 이관되었다. 집결소에 모인 죄수들은 거기서 대기하며 자기 고향의 담당자가 데리러 올 때까지 기다렸다. 관할 지역으로 호송된 이후에는 추가 조사를 받고, 그 결과에 따라 감옥이나 수용소로 보내진다. 집결소는 온갖 지역에서 온 죄수들로 북적였는데 오가는 길이 여간 불편한 게 아니어서 해당 지역 간부들은 집결소에 가기를 매우 싫어했다. 북한에는 전기가 충분하지 않아 기차 운행이 제대로 이루어지지 않았고, 가다가 예고 없이 멈춰 서서 3~4일씩이나 지연되기도 했다.

기차 안에서는 씻지도 못했다. 그래서 그런 상황을 대비해서 차에서 먹을 식량도 단단히 챙겨가야 했다. 간부들이라고 형편이 다 좋은 것도 아니다 보니 지방 관할 지역에서 죄수를 데리러 즉각 출발하는 경우는 거의 없었다. 심한 경우 반년이 넘도록 호송하러 오지 않아 기약도 없이 집결소에서 머무르며 기다리는 죄수들도 있었다.

집결소에 도착해보니 분위기가 심상치가 않았다. 일도 많았고 미리 와 있던 죄수들은 신입들에게 텃세를 부렸다. 도착한 다음 날 새벽 4시부터 소장이 죄수들을 깨워 밭에 김을 매는 데 동원했다. 호미로 직접 콩밭에 김을 맸다. 새벽부터 일을 시키니 피곤해서 제대로 일하는 사람은 몇 없었다. 그렇지만 내 성미에는 '대충'이라는 것이 없었다. 다른 사람들이 한 고랑을 맬 때 나는 세 고랑을 맸다.

일이 끝나자 소장이 다시 죄수들을 집합시켰다. 전에 있던 반장이 이송되었다고 새로운 반장을 선출하겠다더니 생뚱맞게 어제 갓 들어온 나를 지목했다. 신입에게 반장을 시켜 놓으니 본래 있던 죄수들은 콧방귀를 뀌었지만 나랑 같이 들어온 동기들은 좋아했다. 반장의 특권은 설거지였다. 설거지하는 게 무슨 특권이냐고 하겠지만 설거지는 빨리 마치고 나서 남은 시간을 활용할 수 있었고, 간부들을 통해 물건을 사기도 좋았다. 노역을 할 때도 간부들이 도시락을 먹고 나면 나를 불렀다. 먹다 남은 음식은 내 소관이었다.

집결소에서는 어떻게든 죄수들의 돈을 뺐으려고 애를 썼다. 그렇지만 강제로 뺐으면 원성이 커지니 뺐은 액수만큼 돈을 가진 것으로 인정해줘서 죄수들이 필요한 물품을 살 수 있었다. 물론 시중 가격과는 비교할 수 없을 정도로 비쌌고 양도 적었다. 여느 감옥이나 마찬가지로 집결소도 춥고 열악했고 죄수들은 항상 배가 고팠기 때문에 아무리 터무니없는 가격이라도 살아남으려면 돈을 써야 했다. 나도 이전 보위부에서 치약으로 벅벅 닦았던 돈의 액수만큼 인정받았다.

이곳에서도 예외 없이 영양실조가 만연했다. 매 끼니 통강냉이, 즉 옥수수 알갱이가 조금씩 나왔다. 물론 구역질 나는 보위부 음식보다는 나아서 먹기는 했어도 여전히 양도 적고 맛도 없었다. 나는 굶어 죽기 직전까지 참았다가 간부들에게 돈을 주면서 밖에서 두부나 밥을 사달라고 부탁한 적이 한두 번이 아니었다. 이동 작업을 할 때면 간부들이 밖에서 도시락을 사 먹었는데, 그럴 때도 잊지 않고 부탁해서 그 먹다 남은 도시락으로 영양실조를 면했다. 미숫가루처럼 생긴 펑펑이가루옥수수가루도 많이 먹었다. 이것은 옥수수가루를 한번 숙성해서 열처리한 것인데 물에 풀어서 먹기도 하고 물을 조금 넣고 뭉쳐서 금방 떡을 만들 수도 있는 유용한 가루였다. 그 떡은 확실히 곡기가 오래가서 배가 금방 꺼지지는 않았다. 나와 같이 북송된 별이를 각별하게 챙겨왔던 나는 그 아이와 함께 부엌에 숨어서 그 떡을 먹었다. 서글프고 초라한 가운데서 누리는 잠깐의 행복이었다.

그러나 집결소에서도 인권은 사치였다. 집결소 간부들은 반반한 여자아이들을 밤마다 불러 댔다. 예쁜 십 대, 이십 대 아이들은 죄수 신분으로 붙잡혀 왔기 때문에 군소리도 못 하고 끌려갔다. 그나마 일을 치르고 나서 받아먹는 도시락이 그들의 몸과 마음을 달랬다. 끌려가지 못한 죄수들은 그대로 영양실조에 시달리다 보니 나중에는 먹기 위해 몸을 파는 지경에 이르기도 했다.

그뿐만이 아니었다. 어느 날부터 죄수들 사이에서 장염이 돌아 설사를 하기 시작했다. 녹슨 수도관을 고칠 수 없어서 계속 그 물로 세수도 하고 빨래도 했다. 먹는 물도 그 물을 끓여서 주는 것 같았다. 그물이 화근이었다. 나도 예외가 아니었다. 너무 배가 아파 소장님에게 돈을 주고 약을 사 먹었다. 약을 받고 보니 우리 감방에 약을 못 쓰고 배만 부여잡고 있는 다른 죄수들이 눈에 들어왔다. 딱한 마음에 약을 나누어 주었는데 다들 놀라는 눈치였다. 분위기를 보니 예전 반장은 돈이나 옷 등을 받고 약을 팔았는데 아무 요구도 없이 내가 그냥 나누어 주는 것에 감동했던 것 같다. 그 뒤부터는 나보다 오래 머물렀던 죄수들도 텃세 부리지 않고 나를 잘 따랐다.

그래도 하루라도 빨리 집결소에서 빠져나와 원 관할 구류장으로 이동하는 것이 관건이었다. 나는 하염없이 기다리고 싶지 않았다. 소장님에게 중국 돈 백 원을 주면서 내 고향과 가까운 지역에서 오는 보안원이 있으면 같이 나갈 수 있게 해달라고 부탁했다. 부탁한 지 12일 만에 고향 마을을 거쳐오는 인근 지역 보안원이 있다고 했다. 그 보안원에게 이백 원을 주고 그곳을 나왔다. 나를 엄마라고 부르며 따랐던 별이가 떠나는 나를 끌어안고 엉엉 울었다. 나도 너무 마음이 아파 집결소 간부에게 돈을 쥐여주며 이 아이를 잘 돌봐달라고 간청했다. 감사하게도 나중에 그 아이가 그나마 쉬운 업무로 배치되었다는 소식을 들었다.

우리는 기차로 이동했다. 한여름이었다. 죄수 신분이었기 때문에 항상 족쇄를 차고 있었고 화장실에도 족쇄를 차고 갔다. 기차에서 뛰어내리는 도주자들이 많았기 때문에 우리를 인솔해가는 안전원도 신경이 날카로웠고 감시도 심했다. 가다가 중간에 먹을 것이 떨어져서 미리 챙겨온 펑펑이가루로 떡을 지어 먹었지만 도착할 때가 가까워졌을 때는 그마저도 떨어지고 없었다.

나흘 정도 지났을까, 나는 몸 상태가 엉망이었다. 집결소에서부터 앓아오던 장염이 갈수록 심해져서 고열에 시달렸고 화장실에서도 피를 보았다. 보다 못한 군인이 자기가 먹다 남긴 오이를 뚝 잘라 주었다. 매일 옥수수 알갱이나 펑펑이가루로 만든 떡만 먹다가 간만에 채소를 먹었더니 살 것 같았다. 약이라도 먹는 것처럼 오이를 씹고 있자니 그 군인이 짓궂게 오이 받아먹은 감상을 발표하라고 시켰다. 나는 곰곰이 생각하다가 "조국의 오이가 이국의 오이보다 맛있습니다"라며 입에 발린 혁명적인 소리를 했다.

어느덧 역에 도착했을 때는 몸이 너무 아파 대합실에 드러누워 버렸다. 거기부터는 차량으로 이동한다고 했다. 그때 문득 친정집이 거기서 멀지 않다는 생각이 났다. 안전원에게 식량도 떨어졌으니 친정집에 들러서 도시락을 싸서 가자고 설득했다. 안전원은 처음에는 안 된다고 했지만 가지고 있던 돈을 탈탈 털어 건네주자 허락했다. 바깥 풍경을 보고 있자니 낯익은 집들과 거리가 눈에 들어왔다. 어머니가 사시는 친정집이 가까워지자 어머니와 친정 오빠 얼굴이 눈앞에 아른거려 눈물이 났다.

마침내 차에서 내려 집으로 향하는데, 같이 이송되던 언니가 갑자기 "우리 도망가자" 하고 말했다. 순간 가슴이 벌렁거렸다. 살아서 탈출할 수만 있다면 못할 일도 아니었다. 하지만 우리 뒤에는 총을 옆구리에 찬 보안원과 함께 걸어오고 있었다. 몸도 좋지 않았거니와 아무리 빨리 달려도 총알을 이길 수는 없었다. 북받치는 마음을 애써 붙잡으며 터덜터덜 낯익은 옛집을 향해 걸었다. 한 걸음이 십 리처럼 느껴졌다.

집에는 친정어머니와 친정 오빠가 있었다. 몇 년 만에 눈물겨운 모녀 상봉이었다. 우리는 서로를 부둥켜안고 통곡했다. 한참을 울던 어머니가 울음을 멈추고는 안쓰러운 표정으로 "나라를 반역하고 어떻게 그럴 수 있는가? 친척들한테 미안하지도 않은가?" 하고 나무

라셨다. 그 친척이란 중앙당에 있는 친척을 말하는 것이었다. 어머니 말에 설움이 북받치고 화가 났다. 그 친척들이야말로 우리가 힘들 때 돌봐주지 않았으니 내가 돈을 벌려고 강을 건넜던 것 아닌가 말이다. 그래서 "엄마, 그 친척들이 우리 어려울 때 쌀 1킬로라도 준 적 있는 가?" 하며 대들었다.

그러나 그때는 마음 놓고 울거나 말싸움을 할 때가 못 되었다. 어머니는 내 사정을 듣고 집에 있는 쌀 자루를 탈탈 털었다. 바닥까지 긁어서 밥을 지었다. 어머니가 안전원에게 줄 도시락을 만드는 사이에 오빠가 잽싸게 십수 리 너머에 있는 우리 집으로 달려가 꿈에도 그리던 남편과 아들을 내 앞에 데리고 왔다. 세 살 반에 헤어졌던 아기는 벌써 아홉 살 소년이 되어 있었다. 남편과 나는 부둥켜 안고 엉엉 울었다. 얼마나 울었을까? 남편은 눈물을 삼키면서 아들을 내 쪽으로 밀었다. "네가 아플 때마다 찾던 엄마다." 아들은 내가 낯선지 그저 눈만 끔뻑거리며 서 있었다. 길에서 지나쳐도 모를 만큼 커버린 아이를 보며 너무나 마음이 아팠고 쇠고랑을 차고 만나야 하는 가족 상봉이 서글프기만 했다.

반가움도 잠시, 우리는 서둘러 이동해야만 했다. 떨어지지 않는 발걸음을 재촉하며 훗날을 기약하지도 못한 채 나를 다시 가족과 헤어져서 지역 구류장으로 이송되었다.

보고 있어도 보고 싶은

눈 앞에 두고도 그리운 어머니와 남편, 아들을 뒤로한 채 나는 또다시 이동해야 했다. 그때까지 가지고 다니던 짐가방은 남편에게 주었다. 왠지 그동안 지고 있던 마음의 짐까지 남편과 맞드는 느낌이었다. 아쉬운 마음으로 친정집에서 나와서 서비차돈을 내고 얻어 타는 화물차를 타고 보안서 감찰과로 이송되었다.

감찰과 대기실에 있는 죄수 가운데 중국에서 온 사람은 나뿐이었다. 나는 대기실에서도 장염으로 인한 고열로 끙끙 앓았다. 그런 내가 딱해 보였던지, 어떤 여자 죄수가 다가와서 내 배에 손침을 놔 주었다. 살도 근육도 없이 뼈만 덩그러니 남은 몸뚱어리에 잡히는 구석이 있었는지는 모르겠지만 그녀는 내 몸의 중요한 혈 자리를 짚어가며 손침을 놔 주었다. 알고 보니 예전에 군 복무를 하면서 간호사로 일했던 사람이었다. 안마가 효과가 있었는지 그날 밤은 그나마 고통을 덜 느끼고 잠을 잘 수 있었다.

지역 분주소사회 안전 기관의 하부 말단 단위의 하나 담당 보안원이 나를 데리러 왔다. 자꾸 처지는 몸을 억지로 일으켜 보안원이 끌고 온 자전거 뒤에 올라탔다. 한여름에 그것도 포장도 되지 않은 울퉁불퉁한 시골길을 자전거로 한두 시간가량 달려 분주소에 도착했다. 분주소 소장은 나를 보자마자 온갖 욕을 해댔다. 그에게 나는 조국을 배반하고 중국으로 도망쳤다가 잡혀 들어온 '미친 간나'였다. 그가 악을 쓰며 하는 질문에 우물쭈물 대답을 못 하고 있었더니 "내 말을 잘 못 알아먹고 조선말도 까먹은 년"이라며 더 노발대발했다. "네가 어떻게 우리나라에 대한 반역죄를 짓고도 이 푸른 대지를 두 발로 걸을 수가 있나. 어떻게 위대한 수령의 동상 앞을 떳떳이 다닐 수 있나!" 나는 어마어마한 욕설을 들으며 무서워서 고개를 푹 숙이고 서 있었다.

소장은 한바탕 난리를 피우고는 나를 다른 대기실로 데려갔다. 거기에는 다른 경범죄를 저지른 사람들이 가만히 고개를 숙이고 앉아 양반다리로 앉아서 부동자세를 하고 있었다. 나도 그들 중 하나가 되어 다시금 구류장에서 했던 것처럼 부동자세를 취했다. 취침 시간이 되어 불을 껐지만 잠을 잘 수가 없었다. 하염없이 눈물만 흘렸다. 꿈에 그리던 고향에 왔는데 나를 기다리는 것은 서늘하고도 무서운 철창뿐이었다.

다음 날 아침, 대기실에서 나와 또 다른 방으로 옮겼다. 거기서도 온종일 부동자세로 있다 보면 어느덧 날이 기울었다. 그곳은 초저녁에도 어두컴컴했다. 전기도 들어오지 않는 방안을 밝힐 초도 없어서 누군가 바깥에서 가져다주어야만 했다. 그 당시에는 아무도 초를 구하지 못해서 해가 지면 감방 안은 영락없는 암흑천지였다. 이튿날 보안원이 찾아와서 어둑어둑한 방안에다 대고 "김철수가명 마누라가 누구냐! 이 방에는 초도 없나?" 하면서 고래고래 소리를 질렀다. 그러고는 새로 들어온 죄수의 얼굴을 보겠다고 자기 방에서 초를 가져와서 불을 붙여 내 코앞에 갖다 댔다. 촛불에 드러난 나의 사지는 성냥개비처럼 빼빼 말라 있었다. 새삼 나의 손발이 참 불쌍했다. 매일 달고 사는 몸뚱어리조차 제대로 돌아볼 겨를이 없었다. 나는 젖 먹던 힘을 다해 큰 소리로 대답하고 밖으로 나갔다. 거기에 그리운 남편이 와 있었다. 남편은 이제 내가 있는 곳을 알았으니 어떻게 해서든 도시락을 마련해 오겠다고 약속했다. 차마 손을 잡아 보지도 못한 채 어둠 속으로 남편을 떠나보내고 나는 다시 차가운 감방으로 돌아왔다.

나의 장염은 날이 갈수록 심해졌다. 약은커녕 제대로 된 보식도 기대할 수 없어서 매일같이 피똥을 쌌다. 그 와중에도 노동에 투입돼서 고통은 날로 더해갔다. 하지만 나의 모든 감각은 온갖 욕을 들으며 무뎌졌고, 웬만한 통증은 느낄 새도 없이 일만 했다. 하루는 분주소 우물 지붕을 지었다. "너네 다 나와!" 보안원의 한 마디면 남녀 불문하고 모든 죄수가 달려 나와 노동을 시작했다.

나는 중국에서 잡혀 와서 초심을 받기 위해 구류 중이었지만 다른 죄수들은 '150일 전투'를 포함한 각종 국가노동 동원 때 불참했다가 끌려온 근무지 이탈자들이거나 가벼운 사기범들이었다. 나는 장염에 걸려 골골대는 처지였지만 이곳에서는 나라를 배반한 대역 죄인이었기 때문에 아픈 사정을 호소할 수조차 없어서 조용히 일만 했다. 오래 이어진 영양 결핍과 운동 부족으로 근육은 다 없어져서 걷는 것조차 힘들었지만 젊은 시절 돌격대에서 노동했던 가닥이 있어서 열이 나고 벌벌 떨리는데도 능숙한 솜씨로 모르타르를 이겼다. 내가 일을 곧잘 하는 것을 지켜본 분주소 소장은 나에게 일하는 요령이 있다고 했다.

초심을 하는 동안에는 생활비가 모두 개인 부담이었다. 덮고 잘 담요나 생필품, 하루 세 끼 먹을 음식까지 어느 것 하나 분주소에서 제공해 주지를 않아 가족들이 가져다 주어야 했다. 그곳은 그럴 형편도 안 되는 죄수들은 죽을 날만을 기다려야 하는, 기본적인 의식주조차 제공하지 않는 곳이었다. 남편은 감사하게도 그 무더운 여름날 하루도 빠지지 않고 땀을 비 오듯 흘리며 자전거를 타고 세 끼 도시락을 챙겨왔다. 덕분에 나는 그 도시락에 의지하여 버틸 수 있었다. 보관 설비는커녕 기본적인 가구 하나도 들여놓을 자리가 없는 비좁은 감방 한구석에 그 귀한 도시락을 얌전히 놓아두었다가 아침 노동이 끝나고 하나, 오후 노동이 끝나고 또 하나를 먹고, 다음 날 아침에 일어나 나머지 도시락을 까먹었다. 밥을 먹으려면 옆에서 굶고 있는 죄수들이 보였다. 나 혼자 먹기에도 적은 양이었지만 딱한 마음에 한 줌도 안 되는 밥을 나눠 먹기도 했다. 그때 도시락을 나눠 먹은 죄수 중 한 명은 풀려난 뒤에 종종 면회를 와서 자기가 손수 싼 도시락을 건네며 "그때 주었던 도시락, 이렇게 갚네" 하였다.

여느 때처럼 골골대며 도시락을 나눠 먹던 어느 날, 담당 형사가 나를 불렀다. 드디어 심문이 시작된 것이다. 매일 똑같은 사무실, 똑

같은 직원에게 불려가 중국에서 어떻게 살았는지를 쓰고, 쓰고, 또 썼다. 날마다 같은 질문에 대한 대답을 쓰게 해서 거짓말을 판별하고 모든 사항이 숨김없이 드러나도록 하는 전략이었다. 처음 국경 보위부 심문 과정에서 진술한 내용을 그대로 다시 진술해야 하는데 기억이 희미해져서 다른 부분이 나오면 처음부터 다시 써야 했다. 한 일곱 번쯤 썼을까? 이제는 몸만이 아니라 머리에서도 쥐가 날 지경이었다. 진술서를 쓰다가 담당 형사가 오늘은 여기까지만 쓰라고 하면 방으로 돌아가서 청소를 했다. 심문하는 담당 형사는 노골적으로 "너는 중국에서 가져온 게 뭐가 있니?" 하며 돈을 요구했다. 그렇지만 내 수중에는 진짜로 아무것도 없었다. 조국을 배반하고 중국으로 도망간 년이 돈도 갖다 바치지를 않으니 영락없이 미운털만 박힐 뿐이었다.

어느 날은 면회 온 남편의 팔다리가 까져 있었다. 어떻게 된 일인지 물어보니 야밤에 강도를 만났다고 했다. 밤에 분주소와 우리 집 사이에 있는 무인지경에서 종종 군인들이 나와서 강도질을 했는데 전날 밤에 면회 왔다가 집에 가면서 운 나쁘게 그들에게 당했다는 것이다. 자전거를 타고 가다가 군인들이 길에 안 보이게 매놓은 끈에 걸려 넘어졌던 것이다. 깜깜한 밤에 군인 서너 명이 다가왔는데 어디서 그런 용기가 났는지 두 손에 돌을 집어 들고는 "덤비겠으면 덤벼라. 죽을 각오 돼 있다" 하며 발악했다는 것이다. 아마도 감옥에 있는 내 생각이 나서 더 담대해졌던 것 같다. 남편의 강경한 모습에 놀랐는지 군인들이 자전거도 빼앗지 않고 그냥 보내주었다고 한다. 나를 위해 매일같이 그런 어려움을 감수하는 남편을 보며 마음이 먹먹했다.

하루는 날씨가 유난히 더웠는데. 웬일인지 남편의 면회가 늦어졌다. 그날은 남편이 엄마 얼굴을 보여주겠다며 딸을 데리고 왔는데, 접수실에 근무하는 심보가 고약한 보안원이 남편과 딸, 아들을 아침부터 오후까지 땡볕에 세워놓았다가 중천에 있던 해가 서서히 떨어지기 시작한 오후가 되어서야 면회를 허락했다. 나가 보니 남편과 두 아이가 땀에 푹 절어 있었다. 딸아이와는 5년 만의 재회였다. 어미 없이 잘 자라주어 미안하고 고맙다는 말과 함께 눈물이 왈칵 나왔다. 눈 코 입을 찬찬히 살펴보니 웬지 엄마 없이 자란 서글픔이 서려 있는 것 같아 내 마음이 더 미어졌다. 남편이 가져온 도시락을 같이 나눠 먹는 그 짧은 시간이 참 달고 행복했다.

친정엄마도 면회를 오셨다. 엄마가 사는 집은 분주소에서 40리^약 _{16km}쯤 떨어져 있었다. 남편은 자전거라도 타고 올 수 있었지만, 엄마는 그 여름 뙤약볕에 걸어오셨다. 아마 네다섯 시간은 걸렸을 것이다. 그 당시는 추수 직전 보릿고개였고, 당신이 먹을 것조차 변변치 않았을 텐데 어머니는 아침부터 굶어가며 양손에 오이 세 개를 들고 오셨다. 변변한 도시락도 쌀 수 없으니 대신 오이 세 개를 가지고 오신 것이었다. 그런 어머니의 앙상한 모습에 눈물이 핑 돌았다. 보안원 앞에서 금방이라도 쓰러질 듯 서 있는 어머니가 너무 초라하고 창피하게 느껴져서 괜히 어머니에게 "뭐 하러 이런 걸 가져왔냐?"며 소리를 쳤다. 그래 놓고 막상 감방에 돌아와서는 어머니에게 밉게 군 것이 후회돼서 하염없이 눈물을 흘렸다.

분주소에서는 일어나자마자 노동을 하고, 담당 보안원이 부르면 가서 조서를 쓰는 생활이 반복되었다. 그런데 보통은 15일이면 끝나는 초심 과정이 계속 길어졌다. 심문도 심문이지만 구류장에 자리가 없어서 가지 못하는 것이라고 했다. 들어온 것은 여름이었는데 어느덧 가을이 되었고, 나는 속으로 초심 단계가 조금만 더, 조금만 더 연장되길 바랐다. 심문 과정이 끝나고 구류장으로 이송되기 전에 어떻게든 수를 써서 빠져나오길 바랐기 때문이다. 그러나 그런 나의 작은 희망을 비웃기라도 하듯 얼마 지나지 않아 나 혼자 담당 보안원의 자전거 뒤에 타고 이동했다. 드디어 구류장으로 이동하는 것 같았다.

돼지 수매하러 간다

예심을 위해 구류장으로 이동하는 줄 알았는데 그 당시에는 보안 서남한의 경찰서에 해당 소속의 모든 구류장에 죄인들이 꽉 차서 들어갈 자리가 없었다. 우리는 빈자리가 생길 때까지 두 달 정도 그 근처에 있는 농건대농촌건설대 폐건물에서 머물렀다.

그곳도 여느 수감시설보다 나을 것 없이 열악했다. 농건대 건물에서는 남자와 여자 칸으로 나뉘어 한 방에 대략 50명이 살았다. 마땅한 화장실도 없어서 방구석에 아주 큰 양동이를 놓고 볼일을 보게 했다. 매일같이 역겨운 냄새가 코를 찔렀다. 가을이라서 저녁이면 날이 금방 쌀쌀해졌고 모두 긴 옷을 입고 옹기종기 모여 앉아도 찬 바람을 막아내기 어려웠다. 커다랗고 둥그런 연통이 방 뒤쪽에서 시작해 방안을 가로질러 지나갔는데, 그 곁이 그나마 따뜻했다. 오래된 죄수들은 그 연통 가까이에 앉았고, 금방 들어온 신입은 연통에서 멀리 떨어진 감방 맨 앞에 앉게 했다. 식사로는 불린 국수가 나왔다. 옥수수로 만든 면발을 몇 시간 동안 어마어마하게 불리고 또 불린 것이라 한 번 후루룩 먹고 나서 소변 한 번 보면 도로 배가 고팠다.

농건대 생활은 일반 교도소와 거의 흡사했다. 보안서 관할의 보안원들이 죄수들을 관리했는데 아주 혹독하게 일을 시키며 괴롭혔다. 자기들 비위에 맞지 않으면 마당에 있는 통나무 한 무더기를 이쪽에서 저쪽으로 옮기라고 시켰다가 다시 저쪽에서 이쪽으로 옮기게 했다. 어떨 때는 노래도 시키고 춤도 추게 했는데, 누가 잘했는지 순위를 가리는 것은 순전히 보안원들 마음이었다. 경기를 시켜 놓고 못하는 사람은 벌칙으로 밖에 나가서 간이 변소에 있는 똥을 손으로 쥐게 했다. 나는 다행히 노래에 취미가 있어서 장기자랑을 시킬 때마다 일부러 혁명적인 노래를 골라 불렀다. 바로 전 파출소에 있을 때 노래를 하나 배워둔 것이 참으로 큰 도움이 되었다.

어느 날은 노래를 부르다가 가사가 떠오르지 않아서 꼴찌를 했다. 할 수 없이 어떤 여자와 둘이 밖에 나가서 똥을 손으로 쥐고 와야 했다. 나가 보니 똥은 모두 얼어 있었다. 도저히 만질 수가 없어서 보안원에게 빌었다. "제발 선생님이 만족하시도록 웃길 자신이 있으니 한 번만 살려 주세요." 위에서 뒷짐 지고 내려다보던 보안원이 그럼 어디 한번 해보라며 우리를 올라오라고 해서 풀어주었다. 들어와서 광녀처럼 정신없이 춤을 추고 노래를 했다. 오로지 보안원의 마음에 들기 위해서였다.

어떤 날은 아침 댓바람부터 마당에다 죄수들을 일렬로 세워놓고 달리기 시합을 시켰다. 반대편 펌프가 있는 곳까지 뛰어가서 3등 안에 들어야 세수를 할 수 있었다. 나는 2등을 했다. 나머지 사람들이 마당에서 흙길을 청소할 때 나는 1등, 3등 한 사람들과 세수를 했다. 얼음장 같은 찬물로 세수했는데도 그게 참 행복하고 감사했다.

하루는 모든 죄수가 두부콩 농장 일에 동원되었다. 나는 살면서 농사를 크게 지어본 적이 없어서 요령이 없었다. 하지만 그곳에서는 오로지 살아남아야 한다는 일념으로 최선을 다했다. 거기서도 간부들이 경주를 시켰는데, '요이, 땅!' 하는 신호와 함께 모든 사람이 시작점부터 목적지까지 콩 단을 베었다. 나는 땅이 안 보일 정도로 질주하면서 낫으로는 내 앞의 단들을 서걱서걱 베었고, 결국 가장 잘하는 사람을 제치고 1등을 했다! 상으로 펑펑이가루 한 덩이를 얻어서 그날 저녁은 떡을 먹었다. 꿀 같은 별식이었다.

하루는 간부가 전체 앞에서 나를 식모로 임명했다. 일전에 집결소에서 반장으로 활동했던 경력이 문서에 남아 있었고 평소에도 열심히 했던 것이 간부들 눈에 띈 것 같았다. 식모의 주된 역할은 요리를 담당하는 것이었고 일반 죄수보다는 감시가 덜 했다. 일에 동원되지 않는 날에는 보통 아침부터 밤까지 앉아서 부동자세로 있어야 했지만 나는 그런 엄한 감시에서 조금은 벗어날 수 있었다. 하지만 요리하면서 참 서글펐다. 간부들이 먹을 음식에는 신경을 써서 구색을 갖췄지만, 죄수들이 먹는 음식은 너무 허술히 만들었기 때문이다. 그저 라면 끓이듯이 물에 면발을 넣고 한두 시간 푹 삶았다가 때가 되면 100그램씩 나누어주는 것이 다였다.

이제야 드는 생각은 그때 도망갈 기회가 종종 있었다는 것이다.

한 번은 죄수들이 죄다 외부에 있는 큰 배추 농장으로 끌려 갔다. 보안서에서 김장 배추를 재배하는 곳이었다. 죄수들이 배추를 모두 뽑은 뒤에는 트럭으로 시 소속 경찰관들의 집을 일일이 찾아다니며 할당량만큼 배급했다. 어느 날은 낮 동안 배추밭에서 열심히 일하고 나서 다른 죄수들은 감방으로 돌아가고, 나와 다른 한 여자 죄수만 트럭에 남아 집집마다 배추를 배달했다. 끝나고 나니 어느새 깜깜한 밤이었다. 간부들은 "너네 차에서 좀 있으라" 하고는 한잔 한다고 가버렸다. 그런데도 우리는 그 자리에서 몇 시간 동안 꼼짝없이 기다렸다. 그렇게 기회가 있었는데도 우리는 왜 도망치지 않았을까? 지금 생각해보면 참 순진했다. 그렇게 순진한 사람들이 바로 북한 사람들이다. 그런 사람들을 거짓 사상으로 미혹시킨 김씨 일가는 최고로 죄질이 나쁜 사람들이다.

농건대 생활에 적응했을 무렵 구류장에 자리가 생겼다는 소식이 들려왔다. 며칠 후 나와 죄수 몇 명이 그곳으로 이송되었다. 예심 구류장은 그동안 있었던 농건대와는 또 다른 분위기였다. 실제로 내가 '죄인'이 되었다는 것을 실감할 수 있었다. 늦가을에 가서 넉 달을 지냈으니 한겨울을 다 보낸 셈이었다. 그때 겪었던 추위를 생각하면 지금도 온몸이 오들오들 떨린다. 영하 20~30도의 혹한에 햇볕도 없이 지하감방에서 지냈다. 2호 감방 앞에만 화로가 설치되었고 그것은 감방을 관리하는 계호원들만을 위한 시설이었다. 죄수들은 아주 작은 방에서 아홉 명 정도가 함께 지냈고, 너무 비좁아 옆으로 누워 머리와 발을 서로 엇갈려서 천장도 못 보고 새우잠을 자야 했다. 넉 달

동안 왼쪽 팔을 바닥에 대고 잤더니 나중에는 왼쪽 팔에 마비가 왔다. 나무판 바닥은 또 어찌나 시린지, 바닥에 얇은 누더기 담요를 깔고 두꺼운 솜 점퍼를 입었는데도 찬 기운이 올라왔다. 다들 동상에 걸려 발이 아프다고 아우성이었다. 나도 집에서 가져온 버선을 두툼하게 신었는데도 발이 시렸다. 발 동상은 간신히 면했는데 자꾸만 귀가 가려웠다. 그러더니 귀가 새까맣게 변해 버렸다. 너무 가려워서 긁었더니 귀가 손바닥처럼 커다랗게 부어올랐다. 너무 아파서 화도 내고 짜증을 부리면서도 가려워서 하염없이 벅벅 긁었다. 9명의 죄수가 제대로 씻지도 못하고 붙어사는 데다 변소까지 감방 안에 있으니 방안에서는 온종일 역겨운 냄새가 코를 찔렀다.

구류장과 마찬가지로 그곳에도 방마다 CCTV가 설치되어 있었다. 아침에 일어나면 5분의 운동 시간을 빼고 나머지 시간은 모두 부동자세로 있어야 했다. 카메라로 보고 있다가 조금만 움직이면 간수가 와서 커다란 열쇠 뭉치로 살 없는 손등을 내리쳤다. 아직도 그때를 생각하면 아찔하다.

그곳 구류장에서부터 본격적인 예심이 시작되었다. 예심이 끝나면 재판이 있고 이후에 형을 선고받기 때문에 나는 피할 수 없는 운명에 절망했다. 그때부터 주님께 정말 열심히 기도했다. 매일같이 불려 나가 반복적으로 같은 글을 쓰고 또 써야 했던 예심기간은 정말 괴로웠다. 나뿐만 아니라 다른 사람들도 마찬가지였다.

배식은 감방 철조망 밑 작은 개구멍으로 들어왔다. 시라지시래기와 옥수수 조금, 두부콩 밥, 소금국으로 허기는 겨우 달랬지만 배가 너무 고팠다. 하루는 남편이 면회를 왔는데, 남편보다 남편이 가져온 음식에 더 눈과 손이 가는 나 자신을 보며 기가 찼다. 그만큼 감방 생활이 열악했다. 면회를 마치고 감옥 안으로 돌아올 때는 음식물을 가져올 수 없었기 때문에 복귀 전에 항상 몸 검사를 했다. 어떤 사람은 밖에서 받아온 옥수수엿을 몸에 붙이고 들어와서 배고플 때마다 조금씩 떼어서 먹었다. 먹다가 걸리면 호되게 매를 맞았다.

어느 날은 예심에 불려가 글을 쓰고 있는데, 담당 예심원이 13년 형을 살게 할 거라고 으름장을 놓았다. 억장이 무너졌다. 어떻게 된 일이냐고 물었더니 예전에 내가 중국에서 북한에 있는 남편과 일을 벌였던 것이 걸렸다고, 발뺌하지 말라고 혼을 냈다. 알고 보니 내가 중국에 있을 때 너무 외롭고 힘들어서 북에 있던 남편에게 얼른 중국으로 오라고, 못 오겠으면 당신이 아는 사람 한 사람만 보내 달라고 부탁했는데, 남편이 실제로 지인을 보내려고 했던 것이 이번에 발각됐던 것이다. 나는 남편이 보냈다는 사람은 보지도 못했다. 중간에서 브로커들이 빼돌린 모양이었다. 어찌 됐든, 남편 이름으로 법적 처리가 된 서류가 아직도 남아 있어서 이번에 나에게 아주 불리하게 작용할 모양이었다.

그 말을 듣고 감방으로 돌아와서 하염없이 울었다. 세상이 무너진 느낌이었고, 내가 붙들고 있던 마지막 희망마저 온데간데없이 사라진 것 같았다. 목이 말랐고 절망스러웠다. 그때부터 지푸라기라도 붙잡는 심정으로 정말 열심히 기도했다. 그런데 솔직히는 예심을 시작했을 때부터 하나님이 너무나 원망스러웠다. "죽은 자도 살려내시는 하나님이라면서 불쌍한 처지에 있는 나를 북송시키고 이렇게 고통을 안겨준 하나님은 거짓말쟁이"라면서 분노했다. 그러나 시간이 갈수록 불안감만 커졌고 절박해지자 기도가 터져 나왔다.

그다음 날부터 나는 다시 하나님을 절실하게 찾았다. 아침 5분의 운동 시간에 찬양 율동을 했다. "예수 안에 있는 나에게 결코 정죄함 없네." 중국에서 성탄절 날 했던 율동을 기억해서 속으로 열심히 노래 부르고 춤추며 기도했다. 옆에서 죄수들이 그게 뭐냐고 물으면 중국에서 요가를 배웠다고 했다.

기도 응답이었는지 모르겠지만, 어느 날 담당 변호사가 찾아왔다. 북한에도 죄수들을 변호하는 변호사가 있는 줄은 그때 처음 알았다. 그는 죄수 몇 명을 앞에 세워놓고 자기가 내 편이 되어줄 변호사라고 했다.

북한에도 재판 과정이 있다. 물론 남한행을 기도하다가 잡힌 사람이나 기독교인, 간첩 등 정치범에게는 해당 사항이 없다. 그런 죄수들은 구류장까지 오지도 않고 보위부에서 조사를 받고도 보위부에 직송되어 간다. 그중에서 진짜 죄인이 아닌 경우에는 해명 과정을 거쳐 석방하기도 한다. 그렇지만 정치범이라는 것이 확인되면 그때는 끝장이다. 나는 다행히 정치범은 아니어서 재판을 받았다.

난생처음 보는 변호사라는 존재가 생소했지만, 형을 낮추기 위해서는 무엇이든 해야 할 상황이었다. 나는 그때 우리 가문이 얼마나 혁명적인 가문인가를 생각해냈다. 아버지는 영예용사였고 오빠는 군 복무 중에 사망했으니 우리 가문은 그렇게 조국 보위의 길을 걸었고, 나 또한 과거에는 반역의 길을 걸었으나 이제는 돌이키겠다고 변호사에게 말했다. 변호사와 대화하면서 새삼 내 처지가 개탄스러웠다. 그저 시골 아낙네였던 내가 나라의 형편이 좋지 못해 가족을 살리겠다고 잠깐 외국에 나간 것뿐인데 그것 때문에 재판을 받고 장기간 복역할 것을 걱정해야 한다고 생각하니 너무나 원망스러웠다.

다음 날 드디어 재판이 시작되었다. 재판정에 들어서는 순간, 나는 위압감에 짓눌려 찌그러진 깡통처럼 위축되었다. 재판정은 공기부터가 달랐다. 국장과 인공기가 정면에 커다랗게 달려 있었다. 나는 족쇄가 채워진 채로 지정된 자리에 앉았다. 위엄 있어 보이는 어떤 사람이 검찰과 재판장, 피고 등의 단어를 술술 꺼냈다. 그는 나를 '피고인'이라고 부르고 "이 자는 이렇게 했다, 저렇게 했다"라고 말했는데, 그 말을 듣는 족족 내 마음이 내려앉았다. "이 자는 자기의 안락을 위해서 나라를 반역하고 중국에 비법 월경을 하였다"라는 설명과 함께 재판에 참여하는 사람들이 나의 형량을 조정했고 재판관은 변호사에게 변호할 게 없느냐고 물었다. 변호사는 나의 아버지와 오라비가 나라에 어떻게 헌신했는지를 열거했다.

재판관은 마지막으로 나에게 "피고는 더 할 소리가 없느냐"고 물었다. 나는 말을 잘해야 한다고 생각해서 목소리를 가다듬어 겨우 입을 열었다. "두 아이를 낳은 엄마로서 자식들을 키우는 데 본보기가 돼야 하고 아이들에게 나라에 떳떳한 교육을 해야 하는데 엄마가 죄를 짓고 죄인이 되어서 나라 앞에 부끄럽고, 자식들 앞에서 면목이 없습니다." 이 말을 들은 재판관은 마지막 판결을 내렸다. "비록 너희 아버지와 오라비는 조국을 위하여 큰 공을 세웠지만 너는 나라를 배반한 죄로 협법 제233조에 따라 비법월경죄로 노동교화형 4년형에 처한다."

판결을 듣고 나는 펑펑 울었다. 맨 처음 구류장을 지나 집결소, 파출소, 그리고 농건대에 머물면서까지 나는 교화소에는 가지 않으려고 무진장 애를 썼지만 헛수고였다. 이후 열흘 동안은 상소기간이었다. 재판 이후 판결에 이의가 있는 죄수들은 상소할 수 있었다. 간수들은 상소 절차를 밟을 죄수들에게 용지를 나누어주었다. 일반 범죄자나 경제사범 중 일부는 항소했지만, 대부분은 두려워서 항소하지 못했다. 특히 나 같은 탈북자는 중범죄를 저질렀기 때문에 상소할 자격 자체가 없었다.

재판 이후 나는 어디론가 불려갔다. 내 앞에는 소위 '영수증'이 놓여 있었다. 죄수들은 판결 이후부터 석방 전까지는 공민증을 박탈당하고 물건 취급을 받게 된다. 그래서 계호원들이 교화소로 죄수들을 데리고 갈 때 흔히 "돼지 수매하러 간다"고 이야기한다. 그때부터 나는 그 나라에서 인간이 아니라 짐승이 된 것이었다. 혹시 내가 죽더라도 거기다 버리고 가도 괜찮다는 의미나 다름없었다. 돌이켜 보건대 나는 그 순간을 생각하면 지금도 공포가 느껴진다. 출구 없는 절망 속에 갇힌 느낌. 이 글을 쓰는 지금도 다시 그때로 돌아가는 악몽을 꾸곤 한다. 꿈만 꾸어도 혀가 마비될 정도로 끔찍하다.

한국에 들어와서 교회에서 간증을 나눌 기회가 생겼다. 하지만 도저히 그때의 기억을 떠올리고 싶지 않아서 마음이 심란했다. 다시는 꺼내고 싶지 않은 기억을 많은 성도 앞에서 이야기해야 한다는 것을 감당하기 어려웠다. 그때 하나님께서는 나에게 예레미야 33장 3절 말씀으로 격려해 주셨다. "너는 내게 부르짖으라 내가 네게 응답하겠고 네가 알지 못하는 크고 은밀한 일을 네게 보이리라." 나는 그 말씀을 의지하여 무사히 간증을 나눌 수 있었다. 하나님이 아니었다면 나는 악몽과 아픈 기억을 극복하지 못했을 것이다. 지금도 때때로 그때의 기억이 나의 가슴을 찌르지만 하나님을 붙잡을 때마다 회복의 역사를 경험한다.

부엉이가 울면

재판 후 열흘간의 의미 없는 상소기간이 지났다. 예심 때 담당 보안원에게 13년 형을 받을 거라는 말을 들었지만 실제로는 4년형에 그쳤다. 다행이었다. 재판정에서 형기를 놓고 의견이 달라서 논쟁이 벌어졌다고 했다. 그 희한한 광경을 목격한 계호원이 "너 참 대단하다. 너 때문에 싸움까지 났다"고 말했다. 있을 수 없는 일이 하나님의 역사 안에서는 있을 수 있는 일이 되는구나, 그때 깨달았다. 기도가 나를 살린 것이다!

그 일로 나는 교화소 생활에서 담대해졌다. 찬송 <반드시 내가 너를 축복하리라>를 개사해 부르곤 했다. 살아 계신 하나님이 나와 함께하시고, 내 아픔을 아시고, 나를 위로하고 도우신다는 걸 알았기 때문이다. 그렇지만 한편으로는 살아나간다는 기약조차 할 수 없는 길을 걷게 되었다는 슬픔에 북받쳐서 밤마다 차가운 감방에 누워 눈물만 흘렸다. 할 수 있는 것은 기도밖에 없었다. 너무나 그리웠던 남편은 면회 한 번 오지 않았다. 필요한 옷도 있고 물건도 있는데 코빼기도 비추지 않았다. 기다리다 지칠 때쯤 담당 예심원이 나에게 면회 물품을 전달해주었다. 알고 보니 남편이 찾아왔는데도 만나지 못하게 막은 것이었다.

봄이 시작될 무렵 풍막(덮개)을 쳐놓은 호송차를 타고 족쇄에 묶인 채 두 시간 정도 이동했다. 도착한 곳은 산골짜기에 지어진 어마어마한 크기의 교화소였다. 왠지 낯익은 그곳은 10년 전 남편과 함께 사냥하면서 움막에서 지냈을 때 이웃 할머니가 아들 면회 음식을 대신 전달해 달라고 부탁해서 와 본 적이 있는 곳이었다. 그때는 눈이 허리만큼이나 내린 한겨울이었다. 그곳에 내가 죄수로 오다니 믿기지 않았다.

정문에 내려 십 분 정도 걸어 들어가면 2미터가 넘는 철 대문이 있었다. 우리가 가까이 가자 대문이 마치 자동문처럼 저절로 열렸다. 마치 내 마음의 설움처럼 천천히, 그리고 아주 무겁게 열리는 육중한 철 대문을 바라보며 '내가 여기서 과연 살아나갈 수 있을까' 하는 생각이 머리를 스쳐 지나갔다. 왈칵 눈물이 쏟아졌다. 철 대문 옆에는 '도주는 자멸의 길'이라는 검은색 글자가 커다랗게 쓰여 있었다. 그리고 또 높은 담벼락 위에는 고압선이 있었다.

교화소에 들어오자 곧바로 검신이 시작되었다. 구류장에서도 지긋지긋하게 당해 왔던 일인데도 여전히 수치스러웠다. 가지고 온 옷은 모두 반납해야 했는데, 실상은 교화소 경찰들조차 생활이 어려워서 압수한 물건 중에서 좋은 것들을 빼돌리기 위한 것이었다. 북한 경제가 그 정도로 어려웠다.

밖에서 다음 지시를 기다리는데, 원래 있던 죄수 몇 명이 눈에 띄었다. 오후가 되었어도 일하러 나가지 못하고 열외된 죄수들이 마당에 소집된 것이었다. 날씨가 몹시 추웠는데도 누추한 누더기를 입은 채 얼굴 뼈 위에 가죽만 뒤집어씌운 것처럼 앙상한 그들의 몰골을 보니 절망스러웠다. 머리에는 흰 수건을 둘러 왠지 전쟁터에 나온 간호사들 같아서 내가 흙먼지 가득한 전쟁통에 와 있는 느낌이었다.

북한의 경제 상황이 나쁘지 않았던 예전에는 교화소에서 죄수들에게 회색 죄수복을 나누어주었다고 한다. 그러나 그 당시에는 나라 사정도 좋지 않았을 뿐더러 죄수들도 많아져서 다른 방식으로 옷을 마련했다. 죄수들이 처음에 입고 왔던 옷들을 모두 세 부분으로 자른 다음 서로 바꿔서 다시 깁는 방법이었다. 그렇게 하면 혹시나 죄수가 도주해도 누가 봐도 죄수라는 것이 확연히 드러났다. 그렇게 만든 삼색 윗도리와 삼색 바지를 입은 내 모습이 너무나 처량했다. 모든 것이 낯설게 느껴졌다. 뼈만 앙상히 남은 기존 죄수들처럼 흰색 수건을 머리에 쓰고 머리카락은 귀 위까지 깎았다. 공민권이 박탈되는 것을 인정하는 영수증을 제출한 뒤부터는 사람 취급도 받지 못하고, 더군다나 남녀를 구분할 필요조차 없었다.

처음 교화소에 들어갔을 때는 할 일이 참 많았다. 삼색 옷 기우는 것부터 도덕 기준, 일상생활 기준표 등 여러 가지 규율을 암기해서 검사를 받았다. 낮에는 공부도 하고 외부작업도 나갔다. 새벽 5시면 일어나서 깨진 사기그릇 같은 데 물을 담아 세수를 했다. 더운물이 없어서 한겨울에도 산에서 내려오는 얼음장 같은 물로 세수를 했다. 밤

10시까지 몸과 정신을 끊임없이 혹사했다. 다행히 감방 바닥은 구류장보다 따뜻했다. 아무래도 여기서 오래 지내야 하는 장기수들이 있어서 기본적인 설비 정도는 갖춰 놓은 것 같았다. 주변이 다 산이고 나무여서 그런지 땔나무를 구해 아궁이를 지피면 바닥이 따뜻했다.

그곳은 약육강식이 도사리고 있는 짐승의 세계 같은 곳이었다. 사기, 강도, 매춘, 인신매매, 살인과 같은 각종 중범죄를 저지르고 잡혀온 사람들이 한방에서 지냈다. 죄수들의 눈빛부터가 달랐다. 밖에서는 천하를 호령할 것만 같았던 사람들도 그곳에 오면 영락없는 뼈다귀가 되어 버렸다. '너를 잡아먹지 않으면 내가 잡아먹힌다'가 그곳에서 통하는 불문율이었다. 장기수들은 신입을 보기만 하면 못되게 굴고 텃세를 부렸다. 심지어 허약자로 판명되어 뼈밖에 남지 않은 장기수들조차 우리에게 겁주려는 걸 보면 무섭기는커녕 이빨 빠진 호랑이를 보는 것처럼 우습고도 절망스러웠다. 그러다가도 '저렇게는 되지 말아야지' 싶어 공포와 불안을 느꼈다.

나는 감옥에서 왜 '콩밥'을 주는지 그곳에서 깨달았다. 콩은 죄수들의 영양 섭취에 가장 중요한 식품이었다. 보통은 밥에 콩이 스무 알 정도 들어가는데, 그마저도 생활이 어려운 간수들이 밤에 몰래 훔쳐가서 어떤 날은 콩이 비정상적으로 적을 때도 있었다. 그런 콩밥에 까끌까끌한 옥수수 겨를 섞어 주는데 돌까지 씹힐 때가 많았다. 나도 거기서 계속 돌밥을 먹어서 이가 많이 상했다. 옥수수 겨는 화장실에 가면 소화되지 않은 그대로 나왔다. '까마귀날개국'이라고 부르는 시라지국은 소금기가 조금밖에 없어서 간이 맞지 않았다. '까마귀날개'

는 양배추의 바깥쪽 껍데기라 너무 질겨서 짐승들도 먹지 않았는데 칼로도 잘 잘리지 않아서 절인 뒤에 도끼로 잘라서 먹었다.

이렇게 부실한 식사 때문에 허약자들이 허다했고 영양실조도 흔했다. 내가 있을 때는 하루에 두 명씩 죽어 나갔다. 교화소에서는 아사를 막으려는 것이었는지 허약자들에게 쥐를 먹이기 시작했다. 그 쥐 고기가 그나마 감옥 내에서는 유일한 보양식이었다. 쥐를 잡아서 내장을 제거하고 불을 피워서 털을 제거한 뒤 삶아서 허약자에게 주었다. 때로는 밥이 떨어져서 저녁 식사를 자정이 넘어서 먹은 적도 있었다. 저녁 내내 쫄쫄 굶겼다가 취침 시간이 한참 지난 뒤에 식사를 주기도 했다. 그러나 그게 식사랄 것도 없는 것이, 인근에서 쌀을 빌려다가 불릴 대로 불려서 쑨 죽이었다. 그걸 먹으라고 한밤중에 깨우면 자다 말고 일어난 죄수들이 후루룩 '마시고'는 다시 잠이 들었다.

나는 그런 생활에 적응하는 데 6개월이 넘게 걸렸다. 영화에서나 보던 콩밥을 내가 먹고 있다는 사실이 도무지 실감나지 않았다. 그때 나는 심한 방광염을 앓았는데 병원 치료는커녕 제대로 된 약이나 주사 하나를 구할 수가 없었다.

기다리고 기다리면 면회 날, 남편이 왔다. 남편은 깨진 사기그릇에 물을 받아 세수한다는 말을 어디서 들었는지 세숫대야를 가져왔고, 펑펑이가루와 약까지 챙겨왔다. 남편은 내 생일 때 다시 오겠다고 약속했다. 그래서 다음에 올 때는 주사약을 꼭 챙겨와 달라고 부탁했다. 남편이 싸준 도시락은 정말 맛있었다. 교화소 안에서 먹는 '사회 음식'은 영영 잊을 수 없는 별미였다. 남편이 한번 왔다 가면 나는 그것으로 한 달을 버텨낼 수 있었다. 남편은 가족들도 외면하는 비법월경자인 나를 꼬박꼬박 찾아왔다. 남편이 오면 간수는 "일편단심 민들레 갈매기^{비법월경자에 해당하는 법률 233조가 흘려 쓰면 갈매기를 닮았다고 해서 붙여진 말}, 남편이 왔다"고 큰소리로 불렀다.

나는 한 달 남짓 신입반에서 교육받은 뒤 여러 전문분야에 배치되었다. 내 이름은 온데간데없고 '표83'^{읽을 때는 파83이라고 함} 83이라는 죄수 번호가 나의 정체성이 되었다. 교도소 안에는 열 개 반이 있었는데 나는 감자농사반에 들어갔다. 내가 처음 한 일은 두꺼운 천으로 엄청나게 큰 가방을 만드는 일이었다. 하지만 그 가방으로 겨우내 언 똥을 가득 담아 나르게 될 줄은 미처 몰랐다. 그래도 신입반 때가 가장 편했다.

신입반을 벗어나자 한 방에 죄수 오륙십 명이 머무는 감방으로 옮겨졌다. 아무도 반겨주는 사람이 없는 이층침대방으로 가게 된 뒤로는 아침 5시면 일어나야 했다. 기상 종이 울리면 모두 일어나서 무릎을 꿇고 뒷짐을 지고 고개를 숙이고 앉았다. 보안원의 얼굴이나 눈을 쳐다보는 것은 상상도 못 할 일이었다. 아침저녁으로 도망자가 없는지 인원 점호를 했는데, 하나라도 다르면 다 같이 벌을 받는 군대식 체제였다. 아침 점호가 끝나면 모두 나갈 준비를 했다. 나도 얼굴에 거울 수건을 두르고 똥 배낭을 멨다. 단지밥^{작은 하우스 안에 옥수수 심을 때 사용하는 둥근 그릇 모양을 닮았다고 붙여진 이름}이 나오면 밥을 먹고 8시에 밖으로 나왔다. "출력!"^{출근이라는 뜻의 교화소 용어} 소리와 함께 우리 반의 모든 죄수가 줄을 맞추어 일사불란하게 밖으로 나가 몸을 숙이고 뒷짐을 지고 섰다. 접수실과 복도를 지나 바깥으로 나오면 옆을 보면서 "하나!", "둘!" 하며 점호를 했다. 말 그대로 아침에 눈을 떠서 밤에 눈을 감을 때까지 점호만 계속했다. 도망자가 없는지 확인하려는 것이었다. 심지어 일하고 있을 때도 항상 담당 보안원이 권총을 차고 다녔다. 군복무 중인 초병哨兵, 즉 수행원 두 명이 장총을 들고 다니며 백 명 정도를 관리했다. 그들은 우리를 괴롭히는 것이 취미였다. 도주하면 쏘라고 준 총의 딱딱한 나무 개머리판으로 죄수들을 패는 것은 일상이었다.

죄수들은 푸른 하늘을 볼 자격이 없었고 웃을 수도 없었다. 보안원과 죄수는 하늘과 땅 차이였다. 내 죄수 번호를 부르면 전속력으로 달려가서 보안원 앞에 무릎 꿇고 앉아야 했다. 거기서는 '차렷!' 자세가 똑바로 선 자세가 아니라 고개를 숙이는 자세였고 '쉬어!' 자세가 고개를 편히 드는 자세였다. 그래도 얼굴을 마주 볼 수는 없었다.

밖에 나가서 하는 일은 정말 힘들었다. 남한에서는 기계로 하면 될 일을 북한에서는 손으로 하루종일 작업했다. 작업장의 깡깡 언 땅을 곡괭이로 파기도 했고, 한 톤짜리 구루마수레, 일본어에 언 똥을 싣고 바지를 걷어 올리고 얼음장 같은 강물을 건너서 강 건너편 밭으로 옮기기도 했다. 물이 너무 차가워서 발을 디딜 때마다 찌릿찌릿 전류가 흐르는 것 같았다. 옥수수, 감자, 콩 등 다양한 농작물 반이 있었는데 우리 감자반의 담당 보안원이 그나마 제일 너그럽고 괜찮은 편이었다. 일을 잘하는 사람들은 직원들이 봐두었다가 시라지죽이나 옥수수가루 삶은 죽을 한 그릇씩 더 주었다.

봄은 밭을 갈아 본격적으로 감자를 심는 계절이었다. 심어야 할 씨감자만 몇 톤이었다. 땅굴을 파서 사다리를 타고 내려가 보면 땅 밑에 판자로 된 널찍한 움이 있었다. 씨감자를 얼지 않도록 보관해두 었다가 봄에 가지고 올라와서 심었다. 죄수들은 일하다가 배가 고프 면 몰래 생감자나 생옥수수를 잽싸게 입에 욱여넣었다. 끓이지도 삶 지도 않은 날것이라도 상관없었다. 그걸 먹겠다고 움에 들어가는 날 만 손꼽아 기다렸다. 십 년 넘게 감옥 생활을 했던 장기수들은 감자 씨를 파내어 지정된 선반 위에 까는 일을 했다. 좋은 장기수를 만나 면 감자가 섞인 부식을 얻어먹을 수 있었는데 그게 그렇게 별미였다.

해가 길어지면 저녁을 먹기 전에 잠깐 짬이 났다. 그때마다 앉아 서 창밖을 내다보면서 '내가 과연 여기서 살아 나갈 수 있을까' 생각 하면서 또다시 탄식했다. 저녁을 먹고 나면 교양 시간이 시작된다. 재교육하는 의미로 자기 전까지 '교양 개조된 떳떳한 공민'이 되도 록 학습하는 시간이었다. 낮에 심한 육체노동을 하고 밤에 또 더운 방에 앉아 공부를 한다는 게 여간 곤혹스러운 일이 아니었다. 고달픈 일과를 모두 끝내고도 편히 누워 쉴 수가 없었다. 죄수들이 쓰는 침 대는 빈대와 바퀴벌레, 쥐와 이들의 온상이었다. 샤워는커녕 세수나 빨래도 못 하는 판국에 위생관리는 꿈도 못 꿨다. 우스갯소리로 한쪽 발은 점심에, 다른 쪽 발은 저녁에 씻는다고 할 정도였다. 해도 해도 너무했던 것은 감자밭 바로 옆에 강이 흐르는데도 씻을 시간 5분을 주었는데 '발 하나 담그면 모여 구령'이 들렸다. 게다가 화장실까지 감방 안에 있었으니 뼛속까지 똥 냄새가 배어들었다.

위아래로 각각 몇십 명씩 빼곡하게 나란히 누우면 너무 비좁아서 옆으로 누울 수밖에 없었다. 밤에 보안원이 "취침!!!" 하고 소리 지르면 모두 앉아 있다가 일사불란하게 침대에 누웠고, 행동이 느려서 미처 눕지 못한 사람은 그대로 앉아서 자야 했다.

열악한 환경에서 심심찮게 사망자가 나왔다. 그래서 부엉이가 울면 그 다음 날에는 꼭 사람이 죽는다는 근거 없는 소문이 돌았다. 다들 "어젯밤에 또 부엉이가 울었다. 오늘은 또 누가 죽어 나가겠나" 하며 불안해했다. 거기서는 부엉이가 죽음의 상징이었다. 또 꿈으로 모든 것을 해석했다. 어떤 꿈을 꾸면 오늘 누가 면회를 온다는 식이었다. 보통은 숫자 4가 죽음을 상징했지만 왜인지는 몰라도 거기서는 희망의 상징이었다. 그래서 4가 들어가는 날에는 하루를 잘 보낸다는 근거 없는 말을 믿었다.

드디어 교화소에서 첫 생일을 맞았다. 남편이 동태국에 갖가지 귀하고 맛있는 음식들을 싸 들고 왔다. 미숫가루, 펑펑이가루, 태식^{볶은}^{쌀가루에 꿀이나 엿을 버무려서 만든 과자} 같은 요깃거리만이 아니라 일할 때 필요한 장갑, 농사지을 때 요긴한 장화, 꼭 필요했던 약과 주사약까지 챙겨왔다. 힘든 감옥 생활을 하는 나에게 유일한 숨구멍은 남편이었다.

감옥에서 지낸 시간은 내겐 지옥 불구덩이 속이나 마찬가지였다. 내 인생의 이력서에 지워지지 않는 얼룩이라는 생각을 하면 나를 그렇게 만든 내 나라가 너무 원망스러웠다. 한국에 있는 지금도 가끔 그때 기억 때문인지 악몽을 꾼다. 눈을 떠보면 내가 아직도 교화소에 갇혀 있고, "이제 한국은 어떻게 가지?" 하며 걱정하는 꿈이다.

노다지 감자

교화소에서는 새벽 5시면 일어나서 아침 점검을 하고 세수를 한 뒤 아침밥을 먹고 밖으로 일하러 나가는 똑같은 하루의 반복이었다. 햇볕이 쨍쨍 내리쬐는 더운 여름에도 쉬는 경우가 없었다. 남한이었다면 그렇게 타는 듯한 불볕더위에는 쉬었을 것이다. 그러나 우리는 찍소리도 못하는 죄인이었다.

죄수들이 이동할 때는 정규부대처럼 정확하게 대열을 맞추어야 했다. 팔도 다 같이 각도를 맞추어서 흔들었다. 거기서 나는 그나마 젊은 축이었다. 나이 많은 여자들이 일하는 걸 보면 너무 안쓰러웠다. 내가 조금이라도 젊어서 들어왔으니 일하기가 그나마 수월하구나 싶고 별것 아닌 것에도 감사했다.

겨우내 언 똥은 무더기로 쌓아두었다가 봄에 밭일 할 때 썼다. 끝에 선 사람이 보이지 않을 정도로 길게 줄을 서서 땅에다 고랑을 냈다. 남쪽에서는 기계로 뚝딱뚝딱 해치울 일도 거기서는 일일이 사람

손으로 했다. 봄에는 녹은 똥을 손으로 집어서 움푹 파인 고랑에 갖다 넣었다. 차마 맨손으로 할 수가 없어서 우물쭈물하고 있었는데, 감사하게도 예전에 집결소에서 반장했을 때 알았던 분을 만나 장갑을 얻었다. 남편이 면회 때 준 장갑도 요긴했다. 밖에서였다면 차마 하지 못했을 소스라치게 더러운 일도 거기서는 별을 단 담당 보안원이나 초병들의 통제 때문에 할 수밖에 없었다.

그래서 점심 먹기 전에는 반드시 손을 씻어야 했다. 교화소가 산악지대에 있었고 산꼭대기에서 내려오는 산 물은 차갑고도 맑았다. 모두 정렬하고 있다가 "들어가!" 하면 일제히 냇가로 뛰어가서 씻었다. 불과 2분도 안 돼서 "모여!" 하면 일제히 다시 뛰어가서 정렬했다. 밭일 할 때는 땅을 파느라 먼지투성이가 되는데도 씻을 시간조차 그렇게 야박하게 줬다.

정말 난감한 것은 생리 때였다. 제대로 씻지도 못하는 환경에서 생리까지 겹치면 청결은 둘째 치고 몸 건사하기조차 불가능했다. 일회용 생리대는 당연히 꿈도 꿀 수 없었고 대개는 가제 천으로 해결했다. 가제 천을 빨아서 침실에서 말리는 것까지는 허용되었지만 정작 빠는 것이 문제였다. 매일 일과 전후에 밭 옆에 있는 냇가에서 씻는 것이 허용되었지만 시간이 너무 짧았다. 가제 천을 물에 담갔다가 짜내는 순간, 시간이 끝나곤 했다. 하루는 냇가에서 씻은 가제 천을 잽싸게 비닐봉지에 집어넣고 본 대열에 합류하는 척하면서 몰래 대열을 빠져나왔다. 대열에서 이탈한다는 것은 상상할 수도 없는 일이었는데 그때는 어디서 그런 담력이 나왔는지 모르겠다.

조심스레 감방 건물로 들어왔는데 다행히 들키지 않았다. 건물 안으로 들어가면 감방이 죽 늘어 서 있었는데, 그날따라 다른 방문은 다 잠겨 있는데 우리 감방 문만 열려 있었다. 그런데 살금살금 걸어 들어가다가 그만 감방장에게 걸렸다. 감방장은 간수가 아니라 죄수 중에서 뽑힌 사람이었다. 내가 '생리 기저귀를 빨고 들어왔다, 죽을죄를 지었으니 제발 한 번만 용서해 달라'고 사정사정했더니 다행히 눈감아 주었다. 수감 중인 여자들에겐 청결 문제가 배고픔을 해결하는 문제만큼이나 심각했다.

항상 굶주린 상태였기 때문에 뱃가죽이 등에 달라붙은 느낌이었다. 봄에 감자를 심으려고 고랑을 파다 보면 간혹 작년에 미처 수확하지 못한 작은 감자알들이 나왔다. 몇 개월 사이에 얼고 녹고를 반복해서 그 빛깔이 감자라고 볼 수도 없을 정도였지만 그것마저도 우리에겐 보물이었다. 어떤 사람들은 하루에 대여섯 알을 주워 횡재했다고 좋아했고 다들 노다지를 캤구나 하면서 부러워했다.

우리는 겨울 날씨에 꽁꽁 언 똥을 미리 만들어놓은 커다란 가방에 담아 날랐다. 가방이 비어 있을 때는 그 안에다 횡재한 감자를 넣어 다녔다. 그 큰 가방 말고도 장갑 같은 물품을 넣어 다니는 작은 천 주머니도 유용했다. 특히 새싹이나 쑥도 자취를 감춘 이른 봄에는 몸 검신이 비교적 허술해서 그때 그런 노다지 감자알을 가방에 숨겨서 감방 안으로 가져오곤 했다.

우리 감방의 뒤쪽 창문과 연결되는 다른 방은 공구관리공들이 쓰는 창고였다. 공구관리공들이 공구를 수리하는 데 필요한 물품을 조장에게 보고하면 조장이 반장에게 보고해서 창고에 가는 것을 허락해 주었다. 죄수들은 천 주머니에 감자를 모아 넣고 이리저리 뭉개서 가지고 있다가 관리공이 창고에 갈 때 잽싸게 창문 밖으로 던져주면서 부탁하면 공구관리공들이 뜨거운 물에 감자를 익혀주었다. 껍데기도 벗기지 않은 생감자인데다 땅에서 오래 묵어 색깔도 거무튀튀했고 감자보다 흙과 돌이 더 많이 씹혔지만, 감자떡이라고 생각하면서 먹었다. 너무 배가 고파서 그것조차 꿀맛이었다.

여름이면 교화소 근처에 머루가 많이 달렸다. 나는 평소에 머루와 다래 잎사귀를 잘 봐두었다가 대열을 정비할 때 잽싸게 따서 주머니에 넣었다. 그때는 독풀만 아니라면 무엇이든 먹을 준비가 되어 있었다. 그렇게 가져온 머루 잎사귀는 밥 먹을 때 쌈을 싸서 먹었다. 머루 잎사귀가 식품이나 채소는 아니었지만 먹을 만한 게 없으니 그거라도 먹어야 했다. 그래서 매의 눈이 되어 두리번거리다가 하나라도 걸리면 눈이 휘둥그레졌다. 그러고는 비닐봉지에 밥과 풀을 넣고 계속 주무르고 이겨서 풀떡을 만들었다. 그것도 별미였다. 방 검사가 있는 날이면 그런 풀이나 감자도 걸려서 빼앗기는 경우가 허다했지만 못 먹는 풀과 상태 나쁜 감자까지도 그때는 왜 그렇게 맛있었는지 모르겠다.

여름은 단추만 했던 감자알이 탁구공만 하게 커지는 계절이다. 비가 자주 오는 계절이라서 비를 맞고 일하는 건 고역이었지만 땅에 손을 넣고 훑어서 잽싸게 애기감자를 꺼내는 요령만 있으면 재미가 쏠쏠했다. 그때만큼은 시골 출신의 죄수들이 부러웠다. 시골내기들은 곧잘 감자를 집어내는데, 도시에서 살면서 농사라곤 지어본 적이 없는 나는 감자를 찾아내기가 쉽지 않았다. 친한 시골 출신의 죄수들이 그런 내가 안쓰러워 제 솜씨를 자랑하면서 몰래 캐낸 감자를 하나씩 건네주기도 했다. 먹어보면 동그랗고 예쁘게 생긴 감자알보다 울퉁불퉁한 감자가 더 달고 맛있었다. 인분이 섞인 흙에서 캐낸 그런 감자를 제대로 씻지도 않고 그냥 입에 넣곤 해서 그랬을까, 라오스대사관에서 했던 건강검진에서 회충이 많이 발견되었다.

특별히 어렵고 힘든 일을 했을 때는 보상으로 부식을 주기도 했다. 나도 쫄쫄 굶을 수밖에 없었던 교화소 생활에서 그렇게라도 해서 더 먹어보겠다고 힘든 일에 몇 번이나 자원했다. 하루는 공구 ^{깍지, 호미}를 메고 밭을 가는 일에 자원했다. 스무 명이 같이 했는데 한 명은 어깨에 나무로 된 쟁기를 메고 다른 한 명은 쟁기 머리를 이리저리 움직여서 밭을 갈았다. 종종 쇠가 나무에서 빠졌기 때문에 그때마다 죄수들이 알아서 나무와 쟁기날을 맞춰서 다시 끼워 넣곤 했다. 그렇게 힘들게 일을 해도 부식이라곤 고작 꿀꿀이죽처럼 끓인 시라지죽이 다였지만 그걸 조금 더 먹겠다고 피곤한데도 매일 그 무거운 쟁기를 메고 다녔다.

교화소에서 수박이라고 부르는 작물 호박도 가끔 얻어먹었다. 초여름에 나오는 호박 한 덩이도 여러 조각으로 잘라서 나눠주었다. 그때는 내가 공구관리공으로 일했을 때라서 한 조각을 더 얻어먹었다. 밖에서라면 익히지도 않고 날로 먹을 음식이 아니었지만, 워낙 채소가 귀해서 한 조각은 사과처럼 와작와작 씹어서 꿀처럼 달게 먹었다. 그런데 먹다 보면 어떤 날은 더는 날로 먹기가 거북했다.

가을에는 감자 농사뿐만 아니라 강냉이옥수수 수확을 도우러 갔다. 거기서 죄수들은 강냉이를 몰래 재빨리 먹는 법을 서로서로 가르쳐 주었다. 입에 손을 대고 순식간에 갉아 먹어야 했는데 다람쥐보다 더 빠른 것이 우리였다. 그렇게 먹은 생옥수수는 소화가 잘 안 돼서 토하기도 했다. 또 콩 중에서는 완두콩을 가장 먼저 수확했는데 일을 잘하면 삶아서 으깬 감자에다 완두콩을 박아주기도 했다.

가을에는 고추가 익어서 빨갛게 물들어도 죄수들 몫은 없었고 교화소 보안원들이 다 가져갔다. 다 따가고 남은 별 볼 일 없는 고추들은 시간이 지나면서 썩어서 누렇게 되었다가 나중에는 허옇게 변하는데, 죄수들은 대열을 맞춰 다니다가도 허옇고 꺼먼 고추라도 나뭇가지에 달린 게 보이면 너도나도 따려고 혈안이었다. 조미료나 향신료가 하나도 없는 상황에서는 그런 고추도 고급 식자재가 되었다.

배가 고픈 건 사람만이 아니라 우리와 동거했던 빈대나 이, 바퀴벌레도 마찬가지였는지 그곳의 바퀴벌레는 사람의 살점까지 뜯어먹을 정도로 억셌다. 뜯긴 곳이 가려워서 피가 날 때까지 긁어댔다. 이도 어찌나 많은지 옷을 들추기만 해도 버글버글했다. 출근 전에 대기 정렬을 할 때마다 "언니야, 여기 장난 아니다" 하면서 서로 이를 잡아주곤 했다.

교화소에서 가장 힘들었던 일을 꼽으라면 똥 구루마를 끌고 얼음장 같은 냇물을 건넜던 일이다. 차가운 강물을 두 번 건너가야 감자밭이 나오는데, 우리는 그 감자밭까지 인분이 가득한 구루마를 옮겨야 했다. 겨울에는 똥이 얼어 있어서 각자 커다란 천가방으로 옮겼지만 봄에는 똥이 녹으니까 한꺼번에 구루마에 실어서 옮겼다. 열 명 정도가 바지를 허벅지까지 걷어 올리고 1톤가량 되는 구루마를 끄는데, 돌바닥에 계속 발이 걸리고 구루마가 너무 무거워서 발도 다치다 보니 서로 고함을 치고 짜증도 내면서 가까스로 옮겼다. 중간에 냇물을 건너야 해서 몸까지 홀딱 젖었는데, 오래된 죄수들은 언덕 위에 앉아 신입들이 괴로워하는 모습을 낄낄거리며 구경만 했다.

일이 끝나면 부식을 나눠줬다. 줄을 서서 부식을 받으면 동그랗게 둘러앉아 체면이고 뭐고 없이 허겁지겁 먹어치웠다. 배고픔 앞에서는 사회적 가면도, 인격도 1초 만에 내려놓을 수 있었다. 어느 날은 너무 배가 고파서 서둘러 가서 줄을 섰는데 기존에 있던 죄수들이 내 팔을 탁, 치면서 "야, 재수 없어. 뒤로 가!" 하고 텃세를 부렸다. 순간 화가 나서 따지고 싶었지만, 감옥에서는 나이보다 누가 먼저 들어왔는지 서열이 중요했다. 신입들은 먼저 들어온 죄수들 앞에 서면 안 되고, 고참 죄수들 눈 밖에 나면 감방 생활이 피곤해졌다. 억울했지만 맨 뒷줄로 자리를 옮길 수밖에 없었다. 부식이라고 해 봐야 낟알 하나 들어가지 않은 한심한 풀죽이었지만 먹는 순간만큼은 행복했다. 한 숟갈 한 숟갈 입에 넣을 때마다 그릇이 비어가는 것이 그렇게 아까울 수가 없었다.

이겨내는 사람

　감옥에서는 자기를 이겨내는 사람과 이겨내지 못하는 사람으로 나뉘는 것 같다. 그곳은 강자와 약자를 구별하는 곳이다. 허약자들은 그나마 받은 음식도 사라지는 것이 아까워서 한 숟갈씩 깨작깨작 먹었다. 체력도 안 되는데 먹는 데 신경을 너무 많이 썼다. 또 어떤 사람들은 힘들다는 이유로 똥을 묻히고 밭에서 구르던 흙투성이 옷을 그대로 입고, 먹고 잤다. 부지런하지 않으면 어떤 병에 걸릴지, 언제 기운을 잃을지 모르는 일이었다. 나는 남편이 가져다 준 옷이 있어서 작업복과, 감방옷을 따로 챙겨 입을 수 있었다. 두 벌 모두 절대적 기준으로는 깨끗한 것과는 거리가 멀었지만 그렇게라도 청결을 유지하려고 노력했다. 어쩌다 대열에 맞춰 교화소 밖을 지나갈 때 쓰레기장 옆에 큰 거울이 깨져 있는 걸 발견하면 작은 거울 조각이라도 재빨리 챙겨 넣었다. 단추보다 조금 더 큰 작은 거울 조각이라도 자기 얼굴을 이리저리 비춰보며 자기 관리를 할 수 있었다. 교화소에서 오랫동안 살아남은 장기수들은 그곳 생활에 적응해서인지 그런 거울 조각들로 여유를 부렸고 옷차림도 그나마 깔끔했다.

나도 나름대로 신경을 썼는데 다가오는 병마는 막을 수 없었다. 하루는 너무 아팠는데 약도 없고 병원도 갈 수 없었다. 남편은 내 생일 때 면회 온 뒤로 얼굴 한 번 비추지 않았다. 나는 남편이 나를 포기했다고 생각했다. 아파서 움직이지도 못하는데 남편에게까지 버림받았다고 생각하니 끝없는 나락으로 떨어지는 기분이었다. 그런데 나중에 알고 보니 남편도 내가 중국에 있을 때 나에게 연락했던 일로 단련대에 잡혀가 옥살이를 했던 것이었다. 단련대는 복역 기간이 짧다고 교화소보다 일을 고되게 시켜서 죽는 사람까지 있다고 했다. 단련대에서 죽은 사람은 공민권이 박탈되지 않은 상태여서 가족들에게 시신을 가져가게 한다는데, 남편도 몇 개월 동안 거기서 고문에 가까운 노동을 했다고 한다. 늘 나쁜 일은 그렇게 한꺼번에 찾아오곤 했다.

내가 열이 나서 끙끙대다 못해 시체처럼 누워 있는 신세가 되었을 때, 같은 감방의 죄수 한 명이 정통편이라는 중국산 진통제를 주었다. 중국에서는 일상적으로 통증에 쓰는 약이지만 마약 성분이 포함되어 있어서 한국에는 반입이 금지된 물품이었다. 감옥 안에서는 그 약 두 알이 밥 한 덩이와 거래됐는데, 그 친구는 내가 너무 딱해 보였는지 거저 주었다. 아편 성분 덕분인지 먹고 나니 걸을 수가 있었다. 걸을 수 있으면 일하러 나가야 했다. 그런 몸으로 고되게 일을 하고 차디찬 물에 씻곤 하니 몸이 나을 수가 없었다.

그러던 어느 날, 다른 죄수의 귀띔으로 감옥 안에도 사우나 같은 공간이 있다는 것을 알게 되었다. 목욕탕 안에 찜질방 같은 곳이 있는데 그 안에 들어가면 숨을 쉬지 못할 정도로 뜨거웠다. 밖에서 불을 때서 뜨겁게 달궈진 쇠통이었고 마루는 나무였다. 씻는 시간이 되면 얼음장 같은 물을 온몸에 끼얹고 그 방으로 들어가서 재빨리 때를 밀었다. 그리고 다시 밖으로 나와서 물을 끼얹고 도로 그 방으로 들어가서 때를 밀었다. 언젠가부터 다른 죄수 몇 명도 동참해서 마치 사우나를 즐기듯 찰나의 여유와 행복을 누렸다.

나는 자기 관리를 열심히 했지만 워낙 몸이 약했다. 감옥에서 전염병이 돈다 하면 무조건 내가 먼저 걸렸다. 감옥의 특성상 공간이 좁고 환기가 제대로 되지 않아서 전염병이 돈다 싶으면 거의 모든 죄수가 얼마 안 있어 환자가 되었다. 감옥에 옴이 돈 적이 있었다. 처음에는 참을 만했는데 시간이 지날수록 겨드랑이나 사타구니같이 피부가 얇은 곳이 미칠 듯이 가려웠다. 소금물을 발라도 해결이 안 되자 죄수들 사이에서 굳은 돼지기름에 유황가루를 이겨서 가려운 부위에 바르고 아궁이 불을 쬐면 유황이 뜨거워지면서 균을 태워 없어진다는 말이 있었다. 하지만 감옥 안에서 구할 수 있는 물건들이 아니었다.

산에서 노동을 하다가 변을 보는데 나와 친했던 옥자라는 친구가 내 몸에 옴이 빨갛게 폈다며 소스라치게 놀라면서 왜 이렇게 될 때까지 그냥 뒀느냐고 호통을 쳤다. 나는 가려움을 더 참을 수가 없어서 밥덩이와 약을 바꿔 그 약을 바르고 오랜만에 편하게 잘 수 있었다.

고된 나날이 계속되는데도 기다리는 남편에게선 아무런 소식이 없었다. 그럴수록 나는 더 이를 악물고 버텼다. 그러던 어느 날 나라에서 특별 지령이 내려왔다. 내가 4년에서 2년으로 감형되었다고 했다. 곧이어 나는 분조장으로 뽑혔고 얼마 지나지 않아 특별 지령으로 조장과 감방장이 되었다. 자연스럽게 내가 감방장 자리를 차지했다. 정말 행운 중의 행운이었다. 그때는 이미 1년의 형을 지낸 시점이었으니 남은 1년만 채우면 나갈 수 있게 된 것이다.

감방장이 되면서부터 지옥 같았던 감옥 생활에 한 줄기 빛이 비치는 것 같았다. 죄수들이 면회 갔다 돌아오면서 몸에 음식물을 숨겨와서 뇌물로 주고 세숫비누나 신발, 펑펑이가루와 같은 귀한 물건이나 음식물을 바쳤다. 그런 사소한 뇌물들 때문에 간수들에게 비행을 저지르지 말라고 혼도 났다.

내가 있던 감옥은 노동 교화소였다. 간수들은 우리에게 노동만 시킨 것이 아니라 우리를 교육시켰다. 일이 끝나고 나면 이어지는 학습 시간에는 누군가 앞에서 신문이나 잡지를 읽었는데 나는 일부러 손을 들고 앞에 나가서 발간자료들을 읽곤 했다. 읽었던 것 중에는 '새출발'이라는 신문이 있었는데 죄를 짓고 감옥에 들어왔던 죄수들이 출소해서 새 공민으로서 열심히 노력해서 사회적으로 잘된 사례들만 정리해놓은 것이었다. 죄수들을 교양하려는 목적으로 매번 그런 잡지나 책자들을 들여놓았다.

어느 겨울날이었다. 그날은 눈이 무릎까지 차올라 제대로 걷기도 힘들었다. 교화소 근처 숲에는 아름드리나무가 많았다. 죄수들은 지시에 따라 얼음판과 눈길을 헤치며 숲까지 걸어갔다. 아름드리나무들이 어찌나 컸던지 몸통을 두 사람이 안아도 손끝이 겨우 닿을 정도였다. 남자 죄수들이 그 큰 나무를 톱질해서 잘랐다. 여자 죄수들은 다 자른 나무를 산 밑까지 날랐다. 보안원들이 원목으로 쓰려는 것이었다. 여자 죄수들은 둘씩 짝을 지어, 내리막길에서는 도끼로 나무껍질을 벗겨서 미끄러져 내려가도록 두고 오르막길에서는 끈으로 이어서 끌고 올라갔다. 무거운 나무를 끌고 오르막을 오르는 일도 쉽지 않았지만 내리막길에서는 특히 조심해야 했다. 나무가 내려가는 속도가 너무 빨라서 전속력으로 뛰어가지 않으면 다치기 십상이었다.

그날도 평소처럼 내리막길에서 나무를 굴려놓고 그 앞을 전속력으로 달려갔다. 하지만 그때 신고 있던 겨울 신이 하필이면 밑창이 다 닳아서 미끄러지면서 나는 엉덩방아를 찧으며 넘어지고 말았다. 그 순간 내 뒤에서 굴러오던 통나무가 내 허리를 쳤다. 그 바람에 나는 허리를 심하게 다쳤다. 한 팀이었던 어린 여자 죄수가 깜짝 놀라 내 허리를 정신없이 주물렀는데, 그게 오히려 역효과를 냈는지 끔찍한 통증이 느껴졌다. 그래도 추운 설산에서 쓰러져 있다가는 꼼짝없이 죽겠다 싶어서 정신을 차리고 이를 악물고 온 힘을 다해 그 미끄러운 길을 엉거주춤한 자세로 걸어 내려왔다. 그 이후 보름은 꼼짝없이 누워 있었다. 떨어지는 아름드리나무를 온몸으로 받은 격이라 몸이 회복되는 데 오랜 시간이 걸렸다. 겨울철이라 그랬는지 감방에는 나 말고도 다쳐서 앓아누운 사람이 여럿이었다.

어느 날 내 앞에 다른 죄수가 들어왔다. 신입으로 들어온 김영아 선생님이었다. 하루는 그 죄수가 담요를 뒤집어쓰고 앉아서 부르르 떠는 것이 보였다. 나는 갑자기 큰 충격을 느꼈고 신비로운 감정에 빠져들었다. 중국에서 교회에 다녔던 나는 그 사람이 담요를 뒤집어쓰고 방언으로 기도 중이라는 것을 금세 알아챘다. 이 험악한 감방 한가운데서 방언으로 기도하는 모습을 보다니…. 나는 '와, 이런 감옥에도 교회를 다녔던 사람이 있네' 하고 깜짝 놀랐다. 그것이 나와 김영아 선생님의 첫 만남이었다.

너는 가라, 나는 남겠다

신입반에서 전방轉房되어 우리 감방에 온 김영아 선생님은 금세 사람들의 호감을 샀다. 말재주가 상당해서 중국에서 봤던 영화 이야기나 옛날이야기를 아주 생동감 있고 재미있게 잘 전달했다. 감방 사람들은 그런 김영아 선생님의 말에 귀를 기울였다.

어느덧 해가 바뀌고 설날이 되었다. 감방에서도 설날이면 죄수들끼리 서로 포옹하면서 인사하는 문화가 있었다. 평상시에는 등을 돌리고 말을 하지 않던 사람들도 서로 눈을 맞추며 인사했다. 언제 살아나갈지 아니면 언제 죽을지 기약도 없는 그곳에서 "우리 꼭 살아나가자. 이겨내자!"라고 말하며 서로 동병상련의 처지를 다독였다. 그날만큼은 미워도 밉지 않았다.

그러는 가운데 나는 처음으로 김영아 선생님에게 다가갔다. 그분은 새삼스러운 웃음으로 나에게 인사했다. 나는 그분의 귀에 얼굴을 바짝 들이대고 "예수님 이름으로 기도합니다"라고 속삭였다. 선생님은 토끼 눈으로 나를 쳐다보았다. '내가 기독교인이라는 걸 네가 어떻게 알았지?' 하는 눈빛이었다. 나는 어느 날 담요 밑에서 방언으로 기도하는 걸 알아차렸다고, 그리고 그것은 우리 '믿는 사람'들만이 느낄 수 있는 것 아니냐고 말했다. 주기도문을 아는가? 안다! 사도신경을 아는가? 안다! 이렇게 짧은 대화를 나눈 뒤 우리는 서로의 두 손을 꼭 붙잡고 주기도문과 사도신경을 외웠다.

김영아 선생님과 친해지면서 그분의 인생 이야기를 좀 더 자세히 들을 수 있었다. 김영아 선생님은 내가 탈북하기 훨씬 전에 자녀들을 데리고 탈북해서 중국에 정착해서 살면서 중국으로 건너오는 탈북자들을 엄마처럼 안아주었다. 보석을 이어서 십자가를 만들어 팔았고, 천을 사서 성극용 의상을 손수 만들기도 했다. 성극 대사도 직접 쓰고 안무도 직접 짜서 지역 교회를 돌아다니며 순회공연을 했다. 순회공연을 위해 이동할 때 길 곳곳에 있는 검문소와 공안의 감시를 기적적으로 피해 다녔다는 간증도 했다. 신학을 공부해서 목사님이 되라는 권유를 받을 만큼 안팎으로 신뢰받았던 그는 그렇게 중국 땅에서 탈북자와 고향 땅을 품으며 열심히 예배하는 사람이었다.

그러던 어느 날, 김영아 선생님은 성경 공부 모임을 하다가 공안에 붙잡혀 북송되었다. 변방대에서 대기하고 있을 때 자신을 양딸처럼 보살펴 주던 중국 여자가 찾아와서 돈을 주고 빼내 주겠다고 했다는데 나는 아버지의 부름을 받고 가는 거니까 걱정하지 마시라,고 거절했다고 한다. 그곳 감옥으로 스스로 끌려온 사람이었다. 그러면서도 중국에서 같이 잡혀 온 어린 탈북 여성을 양딸 삼아 돌봐주었다. 자기는 못 먹어도 그 아이에게는 엄마처럼 밥을 챙겨주고, 시시 때때로 성경 이야기도 들려주었다. 그러다가 그 아이도 함께 교화소로 이송되었다.

김영아 선생님과 나는 서로 손을 잡고 이 열악한 곳에서 잘 견뎌 내자고 서로를 격려했고 이후로도 교제하며 서로에게 힘이 되어 주었다. 지옥 끝에 있는 것 같은 감옥 생활에서 서로를 위해 기도하며 신앙으로 의지할 수 있는 동역자를 주신 하나님이 너무나 놀랍고 감사했다.

어느 겨울날, 김영아 선생님의 왼쪽 가슴에 뾰루지가 생겼는데 위생이 열악한 환경 속에서 제대로 치료하지 못하고 방치해 둔 것이 곪고 곪아서 수술이 필요한 상태까지 가고 말았다. 수술받던 날 나는 함께 있어 주면 심리 안정에 조금이라도 도움이 될까 싶어서 교화소 내 진료소에 같이 가주었다. 수술칼이 너무 무뎌서 한 번에 살을 베지 못했다. 같은 부위를 여러 번 그어댔는데 옆에서 보는 내가 더 몸서리를 칠 만큼 끔찍했다. 그딴 칼로 수술이랍시고 한다는 것이 한심했다. 마취도 하지 않고 단번에 조치가 되지 않았으니 끔찍하게 아팠을 텐데 김영아 선생님은 입을 꽉 다문 채 주먹을 꽉 쥐고 신음소리 한 번 내지 않고 잘 참았다. 옆에서 지켜보던 간호사와 다른 환자들조차 그분의 강인함에 감동이 된다면서 참 특별한 사람 같다고 입을 모아 칭찬했다.

교화소에서도 종종 외과 수술을 했다. 특히 맹장이 아픈 사람들이 많았다. 음식에 돌이 더 많이 들어 있으니 맹장에 탈이 날 수밖에 없었다. 맹장수술을 할 때 의사는 그 추운 겨울날에도 달랑 히터 하나 켜두고 부분마취를 하고 수술을 했다.

하지만 의료 환경이 너무 열악해서 수술 후에도 항생제는커녕 제대로 된 사후 처치를 받을 수 없었다. 수술 자국이 시커멓게 썩어들어갔고 살이 뒤집히면서 노랗게 농이 생겨 또다시 진료소를 찾았더니 이번에도 마취를 하지 않은 채 시커멓게 뭉그러진 살점을 가위로 도려냈다. 그런데도 꿋꿋이 견뎌내는 김영아 선생님의 정신력에 다들 혀를 내둘렀다. 감방으로 돌아온 뒤 할 수 있는 치료라고는 작은 알루미늄 그릇에 소금물을 받아서 간간이 상처를 소독하는 것뿐이었다. 김영아 선생님은 며칠 동안 출근도 하지 못했다.

김영아 선생님이 겨우 출근을 할 수 있을 정도로 회복이 되어 대열을 맞추러 나온 날이었다. 죄수들은 항상 군대에서처럼 팔을 앞뒤로 흔들며 대열을 맞추어 걸어야 했는데 몸이 온전히 회복되지 않은 선생님은 제대로 대열을 맞추지 못했다. 그 모습을 본 반장이 다가와서 선생님을 걷어찼다. 반장은 그날만 그랬던 게 아니었다. 허약자인 김영아 선생님에게 계속해서 폭력을 썼지만, 죄수인 우리로서는 하소연할 데가 없었다. 내가 감방에 돌아와서 보살펴 드릴 때마다 선생님은 "우리가 할 수 있는 것이 뭐가 있나… 기도가 중요하지"라고 이야기했다. 우연이었는지는 모르겠지만 며칠 뒤에 김영아 선생님을 괴롭히던 반장이 돌연 아파서 출근을 못 했다. 그리고 선생님은 점차 회복되었다.

어느 날 김영아 선생님과 이야기하다가 "반드시 내가 너를 축복하리라"라는 찬양 이야기가 나왔다. 나는 "인내하며 부르짖으라, 영광의 그날이 속히 오리니" 이 가사를 조금 바꾸어 부르다가 나중에는 일할 때마다 소리 내어 노동요처럼 불렀다. 가사나 멜로디가 혁명가와 견주어도 손색이 없을 만큼 힘찬 노래여서 마치 하나님이 이때를 위해 예비하신 노래 같았다. 다행히 이 찬양을 제대로 아는 사람도 없어서 남 신경 쓰지 않고 일할 때마다 불렀다.

하루는 일을 추가로 하면 부식을 더 준다고 해서 그거라도 받아먹겠다고 일터로 나갔다. 그런데 너무 힘에 부쳐서 도저히 일을 할 수가 없었다. 어떻게 해야 하나 고민하는데 갑자기 머리에서 그 찬양이 떠올랐다. 나는 누가 듣든지 말든지 고래고래 소리 질러가며 찬양을 불렀다.

...

두려워 말라 강하고 담대하라
인내하며 부르짖으라
인내하며 부르짖으라
네 소원 이루는 날 속히 오리니
너는 승리하리라
네 소원 이루는 날 속히 오리니
너는 이겨내리라

찬양을 부르니 정말 몸에 힘이 솟았다. 절망적인 상황도 반드시 이겨낼 수 있겠다는 용기가 생겼다. 하나님이 살아 계시다는 것이 체험되면서 기도에 더욱 힘을 썼다.

어느 날은 김보배라는 신입이 들어왔다. 얼굴이 형체를 알아볼 수 없을 정도로 수척해서 처음에는 몰라보았다. 그런데 이름표를 보고서 왠지 내가 아는 얼굴이 아른거렸다. 알고 보니 중국에 있을 때 같은 교회를 다니던 언니였다! 교화소에 오기 전까지 얼마나 고생을 했는지 뼈에 살이 간신히 붙어 있어서 처음부터 허약자로 분류되었다. 언니도 그렇고 나도 그렇고 처음에는 서로를 알아보지 못했다. 반가우면서도 한편으로는 마음이 아팠다. 둘 다 이렇게 짐승 같은 곳에 먹히다니….

보배 언니는 몸이 약해서 매사에 도움이 필요했지만 친했던 나도 신경을 충분히 못 썼다. 그런데 김영아 선생님이 항상 보배 언니를 챙겨주었다. 가끔 김영아 선생님의 동생이 면회를 와서 필요한 물건을 전해주었는데, 그때마다 선생님은 받은 물건들을 감방 사람들에게 나누어주었고 보배 언니를 살뜰히 챙겨주었다.

하지만 선생님의 친절과 인품을 모든 사람이 알아주는 것은 아니어서 시기하거나 이용하려는 사람도 있었다. 김영아 선생님이 중국 감옥에서부터 딸처럼 챙겨주던 젊은 처자는 어느 순간부터 선생님을 모른 체 했다. 이유 없이 등을 돌리고 아예 말도 섞지 않았다. 선생님은 많이 슬퍼했다. 약육강식의 세계가 따로 없구나 싶었다.

이른 아침부터 사람들이 수군수군하는 소리에 잠이 깼다. 사람들이 "내가 들었으니까 봐라. 지금 저 여자가 무슨 말을 하나" 하면서 김영아 선생님을 가리켰다. 선생님은 벽에 기대 앉아 어떤 자매에게 무슨 이야기를 속닥거리고 있었다. 귀를 기울여 보니 예수님이라는 단어도 들리고 시내산이라는 단어도 들렸다. 감방 사람들은 생전 예수님이니 시내산이니 하는 이야기를 들어본 적이 없어서 무슨 말인지는 몰랐지만 몇몇 죄수가 선생님이 요즘 수상한 말을 많이 하는 것 같다며 이상하게 생각했다. 나는 선생님이 위험해질까 봐 걱정스러웠다.

나중에 내가 조용히 김영아 선생님에게 주의를 주었다. "그만하세요. 목숨이 두 개인 줄 알아요? 왜 그걸 밖으로 표현하는 거예요?" 나는 조용히 속으로 기도만 하면 될 일이지 굳이 밖으로 표현하고 전도해서 괜한 위험을 초래한다 싶어서 속상했고 화도 났다.

교화소 내에는 삼인일체 시스템이 있어서 죄수 세 명이 그룹으로 묶여서 서로를 감시했다. 교화국에서 현지에 내려와서 네 삼인일체가 누구냐고 물어볼 때도 있었다. 항상 그렇게 감시받는 곳이 교화소였다. 그런데 그 안에서 복음을 전하는 김영아 선생님의 행동은 정말 위험한 것이었다. 사람들이 김영아 선생님을 놓고 쑥덕거릴 때마다 나는 가슴이 철렁했다. 그렇지만 김영아 선생님은 멈추지 않고 복음을 전했다.

언젠가 김영아 선생님과 출소하면 무엇을 할지, 이야기를 나눈 적이 있다. 나는 이제 몇 개월 후면 출소하니까 출소하면 같이 중국에 가자고 했다. 조국의 품으로 돌아온 나를 이렇게 철창 속에 처넣은 조국에 더 있고 싶지 않다고 꼭 떠날 거라고 푸념했다. 이런 말을 들으면 보통은 "그래. 우리 같이 중국 가자" 했을 텐데 선생님은 달랐다. 단번에 "너는 가라. 나는 아버지 부르심을 받고 이 땅에 왔으니까 여기에 남겠다"라며 거절했다. 아이들은 하나님 아버지가 돌봐주실

거라고 했다. 그 당시 내 상식으로는 전혀 이해가 되지 않는 반응이었다.

하지만 지금 생각해보면 김영아 선생님의 열정과 믿음에 절로 고개를 숙이게 된다. 북한이 복음의 불모지이니 성도가 있을 수 없다고 하지만, 그 북한에 그것도 도저히 상상할 수 없으리만큼 끔찍한 감옥에서조차 복음을 전하고, 복음을 위해 그 땅에 머물겠다고 고백하는 믿음의 사람을 나는 안다. 진정 복음의 가치를 아는 사람, 하나님의 사랑을 깨달은 사람의 모습이 어떤지, 누가 내게 묻는다면 곧바로 김영아 선생님이 떠오를 것이다.

불망산의 눈과 비

감옥에서는 쥐나 뱀 고기가 특별 보양식이었다. 길이나 밭, 화장실이나 면회 장소, 심지어 감방 안에도 쥐가 득실거렸는데 운 좋게 한 마리 잡으면 그야말로 횡재였다. 쥐는 가죽을 불에 그슬려 내장을 뽑아서 잡아먹었다. 쥐든 뱀이든 없어서 못 먹는 판국이니 너도 나도 눈에 불을 켜고 찾아다녔다. 공식적으로는 허약자들에게 쥐고기를 삶아주었지만 일반 죄수들이 먹는 것은 불법이어서 숨어서 먹곤 했다.

그래서 쥐고기는 귀한 선물이었다. 우리 감방에 마흔세 번째 생일을 맞은 여자 죄수가 있었다. 생일을 어떻게 챙겨줄까 궁리했는데 마침 죄수 중 한 명이 쥐를 잡아 왔길래 그걸 받아서 선물했다. 그 죄수가 너무 고마워하면서 평생 잊지 못하겠다며 눈물을 글썽였다. 쥐 고기는 털을 불에 그슬리고 내장을 뽑아 공구수리공에게 넘겼고, 수리공이 물에 삶아 주었다. 밖에서는 쥐 고기를 생일 선물로 준다는 걸

상상하기 어렵겠지만 열악한 감옥에서는 귀한 음식이었다.

출소를 몇 개월 앞두고 나는 감자반에서 벌목반으로 옮겼다. 방을 옮기기 전에 김영아 선생님을 찾아가서 보배 언니를 잘 봐달라고 부탁했다. 보배 언니는 그때까지도 허약자였다. 선생님은 걱정하지 말라고 나를 안심시켰다. 이 시대의 사도 바울과 같은 선생님과 짧다면 짧은 몇 개월간의 신비한 신앙의 교류를 뒤로하고 나는 다시 새로운 환경으로 떠나갔다.

벌목반에는 보통 출소가 몇 달 남지 않은 죄수들이 배치되었다. 나는 교도소 생활 가운데 벌목반 생활이 가장 곤욕스러웠다. 새로운 감방에서 또다시 신입이 되어 모든 일을 처음부터 다시 배워야 했다. 산에 올라가 도끼로 3미터가 넘는 큰 나무를 찍어 넘어뜨리고 가지치기를 했다. 작업이 끝나면 어깨에 끈을 메고 나무를 끌어서 산 아래까지 지고 내려가서 정렬시키고 다시 올라가기를 반복하며 하루 할당량을 채워야 했다.

처음 벌목을 하던 날이었다. 다 같이 대열을 맞추어 나무가 빼곡한 산등성이에 도착했다. 1조장과 2조장이 각자 방향을 정해 "좌측으로!", "우측으로!" 하는 구령을 외치면 모든 조원이 출격했다. 첫날 내가 받은 도끼는 날도 무디고 자루도 짧아서 쓸 수가 없었다. 그런 도끼로 나무 일곱 그루를 찍어 와야 했다. 경험도 없는데 날도 없는 도끼로 나무를 찍으려니 손바닥이 벗겨지고 피멍이 들고 나중에는 장갑마저 피로 질척거렸다. 나무가 우거진 깊은 숲이라 도끼로 찍어 넘어진 나무가 종종 옆에 있는 나무들 사이에 걸려 바닥으로 쓰러지지 않을 때가 있었다. 우여곡절 끝에 간신히 넘어뜨려서 가지치기를 마치면 끈으로 묶어서 내 어깨에 연결했다. 하지만 그 큰 통나무를 집합장소까지 메고 내려가야 하는데 너무 무거워서 한 발자국도 움직일 수 없었다. 약해진 몸에 힘이 들어가지 않아 악을 쓰며 겨우겨우 나무를 끌었다. 시간이 지날수록 내 목에선 사람 소리가 아니라 짐승 소리가 났고, 처음에는 목에서 단내가 났다가 나중에는 쇠 비린내가 났다. 그날 나는 정해진 집합 시간까지 일을 끝내지 못했다. 내가 한참이 지나도 내려오지 않자 조장이 초병과 함께 나를 찾으러 올라왔다. 그러고는 으레 지각자에게 하는 식으로 총의 개머리판으로 나를 구타했다. 너무 아프고 고통스러웠다.

벌목일이 제대로 손에 익지 않았을 때 나무를 찍다가 그만 도끼가 빗겨나가서 내 발등을 찍은 적도 있다. 있는 힘껏 내리친 것에 비해서는 큰 사고가 아니었지만 신발이 찢어졌고 발이 부어올랐다. 그날 밤부터 나는 고열로 끙끙 앓았다. 같은 감방 죄수들은 꾀병으로 여겼다. 그다음 날 반장이라는 여자가 무조건 출근해야 한다며 으름장을 놓았다. 자기는 발뒤축을 도끼로 찍었어도 출근했다는 무용담까지 늘어놓으며 큰소리를 쳤다. 그래도 내 옆에 있던 죄수가 찬물 찜질을 해주며 안타까워했다.

자기 몸집보다 몇 배나 더 큰 나무를 찍어서 넘어뜨리고 옮기는 일이 얼마나 고단했던지 벌목반 죄수 중에는 밤에 실수하는 사람까지 있었다. 곧 출소할 사람들을 모아놓은 벌목반인데 마지막 하루를 앞두고 죽는 사람이 있을 정도로 노동 강도가 강했다. 음식도 형편이 없었다. 꺼끌꺼끌한 옥수수 껍데기가 끼니랍시고 나왔을 때는 절망스러웠다. 영양실조가 만연했다. 얼마나 먹을 것이 없었던지 어떤 죄수는 옴이 난 데 바르면 낫는다고 모아두었던 유황가루와 돼지기름을 정신없이 먹어대더니 부작용으로 미친개처럼 날뛰었다. 자기가 먹는 것이 독약인 줄 알면서도 '설마 이걸 먹는다고 죽기야 하겠나' 하는 심정으로 배를 채웠던 모양이었다. 하지만 다른 사람들은 그 죄수가 왜 그러는지 몰라서 제대로 조치하지 못했고, 그는 그렇게 펄쩍펄쩍 뛰다가 생을 마감했다. 좀 더 일찍 위세척을 했다면 살았을 텐데….

감자반에 있을 때는 직접 시체도 옮겨봤다. 한번은 같은 감방 조원이 죽었다. 그 조원은 생전에 펑펑이 떡을 실컷 먹고 죽는 것이 소원이라고 했었다. 또 다른 죄수는 아기를 중국에 두고 왔는데 죽기 전에 한 번만이라도 보고 죽었으면 좋겠다고 입버릇처럼 말했었다. 평상시에는 그렇게 야위어서 바람만 불어도 날아갈 것 같던 사람들이, 죽고 나선 그렇게 무거울 수가 없었다. 나와 다른 죄수 두 명이 시체 하나를 옮겼는데, 너무 무겁고 너무 무서웠다.

어느 날은 벌목하러 가는 길에 멀리서 시체를 담은 수레가 보였다. 교관이 "뒤로 돌앗! 머리 숙여!" 하고 주의를 주었지만 우리는 호기심에 슬쩍슬쩍 뒤를 돌아보았고 나는 그 끔찍한 광경을 보고 말았다.

교화소에서는 사람이 죽어도 시체를 바로바로 '처리'하지 않고 한 구석에 방치했다가 한 톤 분량의 수레가 다 차야 산으로 옮겼다. 그래서 교화소에서는 겨울에 죽는 것이 복이라는 말까지 있었다. 겨울에는 꽁꽁 얼어서 그나마 몸뚱어리를 보존할 수 있지만, 여름에는 오래된 것부터 부패해서 형체를 알아볼 수 없었기 때문이다. 시체를 태우는 화로도 크지 않아서 심지어 시체를 도끼로 재단해서 넣고 태웠고 타고 남은 뼈들은 산에 버렸다. 그래서 그곳을 불망산이라고 불렀다. 이곳 죄수들은 죽어서도 땅에 묻히지 못하고 영원히 눈비를 맞는 셈이다. 그렇다 보니 교화소 인근 날씨가 순간적으로 바뀔 때마다 불망산이 노했다는 말들을 했다.

그런 무시무시한 교화소에서 나는 무조건 살아나간다는 마음으로 순간순간을 버텼다. 그런 마음으로 특출나게 열심히 일하다 보니 벌목반에서도 1조장으로 뽑혔다. 벌목반에는 두 개의 조가 있었고, 한 조당 인원은 20여 명이었다. 크지 않은 집 거실만 한 작은 감방 안에 50명이 넘는 인원이 함께 지냈다. 조장은 감방을 관리하고 대열을 인솔하는 일을 하는 '탁자리탁구공이 공중에 뜨는 식의 출세한 자리'였다. 하지만 내가 있을 때는 대대로 벌목반 조장들의 마지막이 좋지 않았다. 곧 출소를 앞둔 사람들이 모여 있는 방이라 그랬는지 죄수들의 시기와 질투가 대단했다. 잦은 고발과 해코지로 조원들이 조장을 궁지로 모는 일이 많았고, 많은 조장이 매를 맞고 더 많은 일감을 받는 처벌을 당했다. 그런 사태를 두 번이나 내 눈으로 보았으니, 내가 조장이 되었다고 마냥 좋아할 수는 없었다.

그때 하나님이 지혜를 주셨다. 나는 담당 보안원을 찾아가서 무릎을 꿇고 도움을 청했다. "제가 여기 들어왔을 때 1조장이 두 번이나 바뀌었는데, 저는 여기서 출소할 때까지 조장 역할을 제대로 수행한 뒤에 교화소 문을 나서고 싶습니다." 담당 보안원이 그런 내 태도를 좋게 보았는지 그 뒤로 눈에 띄지 않게 이것저것 마음을 써 주었다.

벌목하러 산에 가면 1조장과 2조장이 가장 먼저 하는 일은 산세를 파악하고 조원들이 갈 방향을 정하는 것이었다. 나무가 굵고 많은 곳으로 자기 조를 인도해야만 그 아래 조원들이 단위 시간 동안 벌목 작업을 마치고 대열에 합류할 수 있었다. 그러다 보니 조장들 간의 견제가 심했다. 내가 1조장이었을 때 2조장이었던 사람은 이미 10개월을 벌목반에 있어서 산세를 파악하는 요령이 있었고 노련했다. 나는 상대가 되지 않았다. 그런데 아침에 조원들을 데리고 산에 올라가면 담당 보안원이 대뜸 "야! 1조 여기 붙으라!" 하는 식으로 넌지시 좋은 방향을 제시해 주었다. 덕분에 대부분은 1조가 조금 더 조건이 좋은 곳으로 보내졌다. 자연스럽게 우리 조원들이 매를 맞는 횟수도 줄었고, 덕분에 나도 조장으로서 좋은 평가를 받고 나름대로 자리를 잘 잡을 수 있었다. 일찍이 담당 보안원을 찾아가서 도움을 구한 덕을 톡톡히 본 셈이다.

먹을 것이 언제나 부족했던 교화소 생활을 버티기 위해 죄수들은 시도 때도 없이 주변에서 먹을 수 있는 것들을 찾아냈다. 벌목반도 예외가 아니었다. 벌목반의 장점은 산 곳곳을 누비며 식용 작물을 접할 수 있어서 봄에는 두릅을, 여름에는 버섯을 따 먹을 수 있었다. 어느 날은 조원 몇몇이 나무를 하면서 개암버섯을 따왔다. 원래 개암버섯은 독 때문에 생으로는 먹을 수 없고 조리해서 먹어야 하는데 우리는 오랜만에 생긴 별식이 반가워서 단지밥에 소금을 찍어서 조금씩 나누어 먹었다. 그러나 면역력이 약했던 나는 몇 분 후에 개암버섯의 독기가 올라와 쓰러졌고, 구토와 설사로 사경을 헤맸다. 그 순간 조원 중 한 명이 '백학치약'을 꺼내 절반을 입에 짜 넣어주었다. 그랬더니 신기하게도 구토와 설사가 뚝 멈췄고 독성으로 나타난 여러 증상들도 완화되었다. 나중에 들어보니 북한의 꽃제비들이 그 백학치약을 하나씩 주머니에 가지고 다니면서 상한 음식을 먹고 탈이 났을 때마다 치약을 짜서 먹으면 배탈이 나았다고 했다. 다른 치약은 안 되고 꼭 백학치약만 효과가 있다는데, 무슨 성분 덕분인지 지금도 궁금하다.

교화소는 사활을 다투는 전장이나 다름 없었다. 죽을 고비도 여러 번 넘겼고, 갖은 고초에 시달렸던 그 시간은 인간으로서는 감당하기 힘든 고난의 연속이었다. 특히 벌목반에서 매일 해야 했던 일일생활총화는 여간 큰 고역이 아니었다. 힘든 일과를 마치고 너무 피곤한데, 그날 하루 트집 잡힐 일이 있었을 경우 무수히 쏟아지는 비판까지 견뎌야 했기 때문이다.

신성한 이름 석 자

　날마다 극심한 추위와 고된 노동을 견뎌야 하는 벌목 일은 정말 사람이 할 것이 못 되었다. 산 아래서 작업하는 날에는 베어낸 나무를 어깨 위에 메고 산등성이 위로 끌고 가야 하는데 워낙 무거우니 거의 기어가다시피 했다. 산 위에서 나무를 베어내면 또 그 나무를 끌고 산 아래로 끌고 내려와야 했다. 무게도 무게지만 자칫 넘어지면 큰 사고로 이어질 수 있었다. 특히 1조장이 된 뒤에는 책임감까지 더해지며 매일같이 살아남으려고 전쟁 아닌 전쟁을 치렀다. 공구 수리를 맡아 하게 되면서 쇠밧줄을 수리하느라 도끼로 쇠밧줄을 내리칠 때마다 도끼가 튀면서 손의 뼈마디를 다치기 일쑤였다. 나중에는 손뼈의 모양이 변형될 정도로 부어올랐다.

　추위를 견디는 것도 지긋지긋했다. 혹독한 추위에 발에 동상이 걸려 진물이 나올 정도였지만 두꺼운 겨울 신발이 없는 죄수들은 얇은 여름 신발로 한겨울 추위를 견뎠다. 잠을 못 이룰 정도로 발이 시려도 비닐박막얇은 비닐막이란 뜻의 북한말을 발에 감싸는 것이 유일한 대책이었다.

한번은 아주 심각한 장염을 앓았다. 바지에도 피고름이 흐를 정도로 심각해서 걷기도 힘들었다. 열이 펄펄 나는데도 출근하려고 일어섰는데 다리가 벌벌 떨려서 똑바로 서질 못했다. 그 모습을 본 죄수들이 나 대신 일을 해 주었다. 들켰다가는 큰일 날 일이었지만 다행히 걸리지 않고 넘어갔다. 남편이 면회 올 때 가져다 준 페니실린이 있어서 다른 죄수가 가지고 있던 장염약으로 바꿔 먹고 간신히 나을 수 있었다. 하지만 아플 때 바꿔 먹을 물건도 없는 죄수들이 갈 곳은 딱 한군데 밖에 없었다. 저세상!

출소가 몇 개월 남지 않은 죄수들이 벌목반에 왔을 때는 인격이든 체력이든 거의 바닥이었다. 감옥살이를 10년, 15년 가까이한 죄수들은 다른 죄수들보다 유난히 더 예민하고 사나웠다. 가지각색의 범죄자들과 섞여 모든 시간과 공간을 공유하며 비인간적인 노동 강도의 벌목일을 감당해왔기 때문이었다. 벌목반은 만기반이라고도 불렀는데 그 이름처럼 오늘 출소하기도 하고 내일 출소하기도 해서 다른 반보다 화합도 잘 안 됐다. 개인주의가 팽배했고 철저히 약육강식의 법칙이 통하는 곳이었다.

내가 그 험악한 교화소 생활을 그나마 버틸 수 있었던 것은 마음을 터놓을 수 있는 동료 죄수들 덕분이었다. 감자반에서는 김영아 선생님과 옥자와 친하게 지냈다. 서로 챙겨주고 보듬어주면서 참 많이 의지했다. 벌목반에 와서는 내 밑에서 1분조장 역할을 했던 금자와 친해졌다. 처음에는 분도 잘 내고 남들에게 해코지도 잘 하는 질 나쁜 친구인 줄 알았다. 그런데 차츰 시간이 지나면서 서로 마음을 열고 이야기하는 사이가 되었다. 인간 취급도 받지 못하는 감방 안에서도 내가 먼저 따뜻하게 다가가면 상대도 내게 다가왔다. 벌목반 담당 교도관도 엄하기 짝이 없었지만 좋은 면도 있어서 그나마 견딜 수 있었다.

살을 에는 듯한 추위가 물러가고 어느새 창문 밖에 하나둘씩 꽃이 피어났다. 아침에 일어나 출근하기 전에 눈길을 사로잡는 자연의 경치는 그날 하루의 기분을 좌우했다. 창밖 풍경은 갑갑한 감방 안과는 딴판이었다. 온갖 꽃들이 만발한 바깥 경치를 감상하는 찰나의 여유가 내게는 힘겨운 생활을 잠시나마 잊게 해주는 소소한 행복이었다.

벌목반에서 몇 개월을 지내고 나니 어느새 출소일이 코앞으로 다가와 있었다. 출소 일주일 전에는 기존 방에서 나와서 출소 직전의 죄수들만 모아 놓은 방으로 재배치된다. 일명 '종료반'이었다. 거기에는 중증의 허약자들도 함께 머물렀는데 침대 위쪽은 만기자들이, 아래쪽은 허약자들이 사용했다. 따로 이 방에 보내진 허약자들은 건강 상태가 매우 위급해서 거의 회복 가능성이 없는, 장기간 생존이 불가능하다고 판단되는 사람들이었다. 그들에게는 일을 따로 시키지 않고 오전, 오후 두 차례 콩비지를 한 국자씩 주었다. 내가 만기자로 그 방에 들어갔을 때 보배 언니가 허약자로 들어와 있었다. 나는 출소하기 전에 짐을 정리하면서 그동안 사용하던 솜바지와 숨겨놓았던 음식물을 보배 언니에게 넘겨주었다. 출소 전에는 감자반이 이동하는 경로를 알아봐 두었다가 김영아 선생님에게 작별인사를 하며 보배 언니를 부탁했다.

출소 직전에는 으레 하는 의식이 있었다. 바로 회충 제거였다. 만기가 며칠 남지 않은 죄수들은 남은 물건들을 팔아 회충약을 구해 먹는다. 약을 먹고 화장실에 가면 회충이 한 무더기가 나왔다. 나도 물건들을 팔아 회충약을 구하는 데 썼고, 남은 소지품들은 다 정리해서 감자반에 있을 때 아끼던 옥자라는 동생에게 넘겨주었다. 옥자는 눈물을 글썽이며 되레 나갈 때 입으라고 꽁꽁 아껴두었던 속옷을 쥐여주었다.

내가 곧 나간다는 소식을 들은 죄수 몇 명이 나를 찾아와서 주소가 적힌 쪽지를 건네며 자기들 소식을 가족들에게 알려 달라고 부탁했다. 집에 사정이 있어서 아무도 면회를 오지 않는 그들의 심정을 아니까 하나도 빠뜨리지 않고 챙겨서 나가기로 마음먹었다.

종료반에는 나와 성만 다르고 이름이 같은 사람이 셋이나 있었다. 교화소가 해발고도가 높은 곳에 있어서 원체 추운 날씨였는데도 출소 날이 다가올수록 점점 날이 따뜻해지는 것 같았다. 우리 셋은 서로 누구네 집에서 먼저 데리러 오는지 내기까지 하는 여유를 부렸지만 여전히 실감은 나지 않았다. 보통은 출소 보름 전에 가족이 와서 데려갈 수 있게 통지서를 띄웠다. 가족이 없는 경우에는 해당 지역 담당보안서에서 데리러 왔다.

꿈에 그리던 출소 날, 교도관의 지시에 따라 죄수복을 벗고 몸 검사를 했다. 들어올 때처럼 나갈 때도 뽐뿌두 손을 머리 위로 올리거나 뒷짐을 진 상태로 앉았다 일어서기를 반복하여 여성의 생식기나 항문에 숨긴 돈이 몸 밖으로 나오도록 유도하는 행위 30번을 지시받았다. 쪽지를 숨기고 있어서 나는 바짝 긴장했지만, 최대한 아무것도 나오지 않게 온몸에 힘을 줘서 다행히 걸리지 않았다. 들켰다간 그 즉시 복역 기간 연장이었고, 쪽지를 준 죄수들까지 무지막지한 형벌을 받게 되는데 걸리지 않은 것은 천만다행이었다. 검신이 끝나고 남편이 면회 왔을 때 가져온 옷으로 갈아입었다. 감옥 안에서 입었던 옷이나 쓰던 물건은 가지고 나가지 못하게 되어 있어서 옥자가 준 속옷을 두고 온 것이 참 아쉬웠다. 이제 더는 삼색 죄수복을 입지 않아도 된다는 사실이 좋으면서도 실감 나지 않았다. 마지막 절차로 서약서를 작성했다. 교화소에서 있었던 일은 어떤 것도 외부에 발설하지 않겠다는 서명이었다.

모든 절차를 마치고 복도에서 기다리고 있는데 교도관이 내 이름을 불렀다. "임사라! 나와!" 순간 내 귀를 의심했다. 교도관이 죄수번호가 아닌 내 신성한 이름 석 자를 불렀을 때 느낀 감정은 뭐라고 말로 표현할 수가 없었다. 출소한 11월 27일이 정말로 내가 세상에 다시 태어난 날 같았다.

보통은 죄수들이 복도에 나가는 것은 금지되어 있었지만 내가 출소할 때는 만기반 죄수들이 몽땅 복도에 나와서 울먹이면서 잘 가라고 인사해 주었다. 어떻게 그 문이 열렸는지는 모르겠지만 다들 나를 배웅해준 것이 너무 좋았고 고마웠다. 출소하는 사람들이 어떤 옷을 입었는지 궁금하기도 하고 친했던 죄수들에게 인사도 할 겸 나왔던 것 같았다. 옥자와 나랑 친했던 죄수들이 많이 울었다. 나는 그 울음소리를 들으면서도 '뒤돌아보면 다시 들어간다'는 속설이 떠올라 절대 뒤돌아볼 수 없었다. 그래서 시선은 정면을 보고 걸으면서 뒤를 향해 손을 흔들었다.

마지막 교도관은 2년 노동한 대가로 내 손에 사탕 한 봉지 값도 안 되는 돈을 현찰로 쥐여주었다. 교통비도 안 될 법한 돈이었다. "도주하는 자멸의 길이다"라고 쓰여 있는 철대문을 나와서 새 땅을 밟는 순간, 만감이 교차했다. 푸른 하늘이 눈에 들어왔다. "주여, 다시 소생할 수 있음에 감사합니다." 인생에서 정말 두 번 다시 겪고 싶지 않은 삶이었다. 철대문이 '끼이익' 하고 닫혔다. 눈물이 주르륵 흘러내렸다.

종료반에서 누구네 가족이 먼저 오는지 내기했던 동명삼인 중 가족이 가장 먼저 온 것은 박 씨네였고 그다음이 김 씨네였다. 나는 가장 늦게 나갔지만 그래도 남편이 오전 중에 데리러 왔다. 나갔더니 남편은 오토바이에 기대서 휘파람을 불었다. 서글픈 감정과 지난날의 회한이 밀려왔다. 나를 부르는 친구들의 목소리도 귓가에 절절하게 울렸다. 나는 남편 얼굴을 똑바로 마주 보기가 힘들었다. 남편이 근처 여인숙에서 모두부와 삶은 달걀까지 가져와서 나는 그 자리에서 다 먹었다.

집으로 가기 전에 남편과 함께 담당 교도관 집에 들러서 정중히 인사를 했다. 그 교도관은 악한 면도 있었지만 나름대로 인간미가 있었다. 벌목반에서 끝까지 조장 역할을 제대로 하고 출소한 사람은 나밖에 없었다. 그 정도로 살벌했던 분위기 속에서 은연중에 나를 도와주었던 그 교도관이 지금까지도 좋은 기억으로 남아 있다.

원래 오토바이는 잘 사는 사람들만 가질 수 있는 사치품이었다. 값도 비쌌지만 한 번 타기 시작하면 유지비나 연료비가 많이 들었고, 특별한 이유 없이 단속과 벌금의 대상이 되곤 해서 평범한 사람들은 좀처럼 갖기 어려운 교통수단이었다. 그러니 우리 집에 오토바이 같은 고가품이 있을 리 없었지만 남편은 나를 데려가려고 한 동네 사는 젊은 사람에게 돈을 주고 빌려 뒤에 타고 온 것이었다.

가다가 남편이 오토바이 운전자에게 말을 하여 눈에 익은 동네에서 오토바이를 멈추었다. 그러고는 가방에서 술 한 병을 꺼내면서 일주일 전에 친정 오빠가 갑작스럽게 심장마비로 저세상으로 갔다고 말해주었다. 가슴이 철렁 내려앉았다. 살아나오면 볼 줄 알았는데…. 오빠의 죽음이 너무 허망했다. 감옥에 갇혀 그 오랜 세월 못 보고 지낸 것이 미안하고 안타까워서 나는 그 자리에서 앉아 한참을 울었다. 남편은 내가 다 울 때까지 가만히 기다려주었다. 어느 정도 진정이 되고 나서 오빠가 묻힌 곳에 술을 붓고 인사를 했다. 남편의 배려가 참 고마웠다. 우리는 한참을 그 자리에 있다가 다시 집으로 향했다.

출소 며칠 전부터 날씨가 궂었는지 길에 눈이 많이 쌓여 있었다. 언덕 아래 오토바이를 세워놓고 언덕 위에 있는 집으로 올라가는데 낯익은 목소리가 들려왔다. 시어머니가 창문 밑으로 내려다보면서 얼른 올라오지 않고 무엇 하느냐고 소리를 질렀다. 그 순간 눈물이 쏟아졌다. 처음 중국에 간다고 예사로 작별인사를 하고 집을 나선 날로부터 8년이 지나는 동안 시어머니는 참 많이도 늙으셨다. 나는 엉엉 울면서 그 미끄러운 오르막길을 두 손으로 기다시피 해서 올라갔다.

시어머니가 주신 따끈따끈한 두부를 단숨에 먹어치우고 두부 촛물^{두부를 삶아서 짜내린 물}에 목욕을 했다. 나는 2년 내내 똥 냄새가 진동하는 감방 안에 있으면서 똥독이 오를 대로 올랐는데, 뜨뜻한 두부 촛물에 몸을 담그니 꿈만 같았다. 몸을 깨끗이 다 씻어서 냄새를 빼고서야 집 안에 들어갔다. 그리고 마침내 8년 만에 아이들을 만났다. 아이들은 엄마를 낯설어했고, 나는 그런 아이들을 그저 꼬옥 끌어안아 주었다. 시어머니가 차려주신 저녁밥을 먹고 오랜만에 따뜻하고 화기애애한 분위기에 젖었다. 그동안 남편과 아들딸, 시어머니와 함께하는 이 순간이 얼마나 그리웠던가.

그런데 밥상을 치우고 있을 때 누가 밖에서 문을 두드렸다. 보위지도원이었다. 순간 심장이 덜컥 내려앉으며 공포감이 밀려왔다. 내가 무슨 잘못을 했나, 본능적으로 고민했다. 오늘 겨우 출소해서 식구들을 만났는데 보위지도원이 왜 이 시간에 찾아왔나 싶어서 불쾌했다. 그는 별안간 남편에게 술을 가져오라더니 나보고는 그동안 고생했다는 말을 했다. 그저 인사하러 온 것이었다. 나는 그 순간 너무 황당해서 화가 치솟았다. 남의 집에 무턱대고 찾아와서 되지도 않는 말을 위로랍시고 한다는 것이 어이 없었다. 나는 "당신이 나한테 인사를 왔으면 당신네 집에 초대해서 인사를 하든지, 술을 권하려면 적어도 술을 사가지고 오든지!"라며 쏘아붙였다. 그는 말문이 막혀서 얼굴을 붉히며 돌아갔다. 친척들도 이웃들도 아직 와 보기 전이었던 그 밤에 얼굴 한 번 본 일이 없는 보위지도원이 느닷없이 찾아온 것이 여간 불쾌한 게 아니었다.

그날 저녁은 도무지 잠이 오지 않았다. 이게 꿈인지 생시인지…, 8년이란 세월이 흐르는 물처럼 흘러가 버렸다. 그렇게 보고 싶던 가족들과 만나 한 이부자리에 누워 있다는 사실이 꿈만 같았다. 감방에 두고 온 친구들 생각도 났다. 끝까지 엉엉 울던 옥자, 허약자였던 보배 언니, 신앙의 기둥과 같았던 김영아 선생님…. 어젯밤까지만 해도 냄새나는 감방 안에서 반듯하게 눕지도 못하고 잤는데 오늘은 이렇게 가족과 함께 누워 있다는 것이 믿어지지 않았다. 만감이 교차했다.

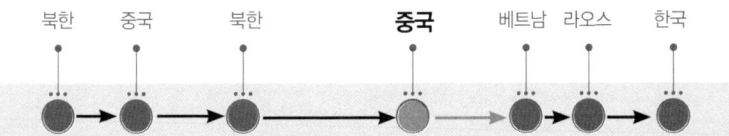

북한　중국　북한　**중국**　베트남　라오스　한국

마태복음 5장 44절

나는 너희에게 이르노니 너희 원수를 사랑하며
너희를 박해하는 자를 위하여 기도하라

자연의 원리들

4부

교화소나 집이나

출소 다음 날 아침이 밝아왔다. 날카로운 보안원의 명령이 없이도 눈이 저절로 떠졌다. 내 옆에 가족들이 잠들어 있는 것이 무척 어색했다. 점심때가 되자 소문을 들었는지 동네 사람들과 남편 친구들이 찾아와서 격려해주었다. 참 오랜만에 느끼는 정겨운 분위기였다. 출소를 축하한다며 다들 빈손으로 오지 않고 누구는 참팻기¹ 한 자루를 메고 왔고, 누구는 보양식을 해 먹으라며 토끼를 잡아 왔고, 또 누구는 두부를 한 솥 가득 삶아왔다. 수탉을 잡아 온 이도 있었다. 사치스럽지도 부유하지도 않은 풍경이었지만 출소한 나를 반겨주는 그들이 정말 고마웠다.

이튿날은 담당 보안원의 호출로 동네 보안원실에 불려갔다. 웬일인가 싶어 불안한 마음을 추스르며 보안원실에 들어갔는데 내가 알던 보안원이 아닌 처음 보는 젊은 사람이 있었다. 그는 아주 까탈스러운 어조로 "왜 중국에 갔었는가" 하고 물었다. 그 순간 화가 치밀었다. 나는 이 나라에 살면서 끊임없이 이 질문을 받겠구나, 중국으로 탈북해서 수감생활을 했다는 꼬리표가 계속해서 나를 따라다니겠구나 싶었다. 내가 "가고 싶어 갔겠는가. 살고 싶어서 갔다"며 대들자 그는 내 얼굴은 쳐다보지도 않고 "안착하며 잘 살으라", "문제가 있으면 말하라"고 말했다. 그러고 보니 내가 출소했다는 사실이 모든 조직에 일괄적으로 포치公知가 된 것 같았다. 교도소에 들어갈 때는 공민증을 뺏고 개, 돼지 취급을 하더니 출소 이후까지 감시를 받아야 하는 내 신세가 처량했다.

얼마 뒤에 건강에 적신호가 왔다. 그동안 악취가 진동하는 감방에서 살면서 몸에 똥독이 들어서인지 여기저기에 염증이 생겼다. 몇 년 동안 고된 노동에 시달렸고, 영양도 부족한 데다 건강을 전혀 돌볼 수 없었으니 당연한 결과였다. 골골대는 나를 보다 못해 남편은 없는 살림에 의사를 불렀다. 하지만 의사도 별 뾰족한 수가 없는 모양이었다. 그저 며칠 동안 링거를 맞고 누워 있으라고 했다.

그러나 마냥 누워 지낼 수가 없었다. 내가 와서 입 하나가 늘었으니 뭐라도 해야 했다. 며느리로서, 아내와 어머니로서 책임감도 느꼈다. 내가 없는 동안 집안 꼴이 엉망이 되어 있었다. 남편과 시어머니는 집안이 어질러져 있어도 크게 신경 쓰지 않았지만 나는 그걸 그냥 두고 볼 수가 없었다. 더러움에 찌든 교도소에서도 나는 어떻게든 일할 때, 잘 때 옷을 갈아 입어가며 위생에 신경을 썼다. 그런데 간신히 그 지옥을 벗어나 집에 왔는데 또 내가 나서서 위생에 신경을 쓰고 수고를 해야 한다는 것에 울화통이 치밀었다. 그렇다고 두고만 볼 수도 없었다. 나는 얼른 자리를 털고 일어나 밀린 집안일을 시작했다. 링거를 맞은 지 며칠 지나지도 않았을 때였다.

집안일은 한도 끝도 없었다. 그 동네는 수도 시설이 낡아서 쓸 수 없었기 때문에 매일 아침 앞산에 올라가서 그날 쓸 물을 길어 와야 했다. 세탁기는커녕 변변한 빨래 도구 하나 없이 매일같이 맨손으로 다섯 식구 옷을 빨았다. 추운 겨울이었지만 때도 아닌데 집안에 파리가 많았다. 파리 때문에 밤에는 잠도 못 잘 정도여서 하루 스물네 시간 내내 파리를 잡았던 것 같다. 심지어 우리 집에는 파리채조차 없어서 옆집에서 빌려야 했다.

그뿐만이 아니었다. 남편은 나 없는 동안 살림을 늘려놓아서 돼지 세 마리, 염소 한 마리, 강아지 여덟 마리를 키우고 있었다. 온종일 그것들에게 밥 주고 똥 치우는 일이 고스란히 내 몫이 되었다. 돼지죽을 만드는 데는 또 어찌나 손이 많이 가던지. 옥수수가루를 물에 펄펄 끓여서 술 누룩 찌꺼기를 모아 돼지들을 먹였다. 그것도 모자라면 다른 집 음식물 쓰레기까지 받아다가 돼지밥으로 주었다. 손이 많이 가기도 했고 우리 식구 먹을 음식도 부족한데 이게 뭐 하는 짓인가 싶다가도 가축이야말로 살림 밑천이라는 생각에 열심히 거둬 먹였다. 매일 불을 때고 술죽을 끓이다 보니 여기가 교화소만 아니었지 일이 고되기는 거기나 다를 게 없다는 생각이 들었다. 출소하면 아무 생각 없이 쉬겠다고 했던 나의 소소한 바람은 물거품이 되었다. 허리를 구부리고 집안일을 하다 보니 예전에 벌목반에서 일할 때 다쳤던 허리 병이 도져서 한동안은 물도 못 기를 정도로 아팠다.

눈코 뜰 새 없이 바쁘게 지내던 어느 날, 남편이 옷을 사주고 싶다면서 다른 마을에 있는 시장에 가자고 했다. 동네에서 살 수도 있었지만 시외로 나가서 나에게 딱 맞는 옷을 사주고 싶다는 것이었다. 남편은 내가 중국에 가서 돌아오지 않았을 때 그동안 예쁜 옷 한 벌못 사줬던 것이 그렇게 후회되더라고 했다. 결혼하자마자 생활이 너무 어려워서 첫애를 낳고도 먹고 싶었던 꿀 한 번을 못 사 먹였던 생각이 났던 모양이었다. 그래서 이번에는 마음먹고 마음에 드는 옷과 신발을 사 입혀 보려는 남편이 너무 안쓰럽고 고마웠다. 시외로 나가는 방법 중 하나는 목적지 방향으로 가는 화물차 위에 올라타는 것이었다. 추위와 위험을 무릅쓰고 화물차 위에 앉아 몇 시간을 가자 비로소 큰 동네가 나왔다. 나는 그 동네 큰 시장을 돌아보면서 눈이 휘둥그레졌고 나를 생각해주는 사람은 남편뿐이구나 싶어서 마음이 따듯해졌다.

나 자신을 예쁘게 꾸미려고 옷을 사는 것도 좋았지만, 사실은 예전부터 그보다 더 하고 싶었던 것이 있었다. 어느새 훌쩍 커버린 우리 아이들에게 좋은 엄마가 되어주는 것이었다. 내가 중국에 갈 때 코흘리개였던 아이들은 출소하고 돌아와 보니 어느새 어엿한 학생이 되어 있었다. 나는 우리 아이들에게 '좋은 학부모'가 되어 주겠다고 다짐했다. 때마침 아들 담임선생님 댁이 우리집 근처였다. 나는 시장에서 아들 담임선생님 선물을 사서 댁으로 찾아갔다. 담임선생님은 무척 반가워하면서 우리 아들이 고집도 세고 남자다운 개구쟁이라며 칭찬했다. 중국에 있을 때 아이들이 자란 모습을 상상하면서 이렇게 학부모 노릇 해 보는 게 꿈이었는데, 그 꿈이 이루어진 것 같아서 마음이 벅찼다. 선생님 댁에서 많은 이야기를 나누고 돌아오면서 내가 비로소 두 아이의 엄마라는 실감이 났다.

얼마 뒤에 남편이 친정어머니를 뵙고 오라고 권했다. 진즉에 찾아뵈었어야 했다. 하지만 내가 건강이 좋지 않았고 집안일이 바쁘다는 핑계로 그러지를 못했다. 죄송스러운 마음을 가득 안고 친정집으로 향했다. 어머니는 맨발로 뛰어나와 울면서 나를 맞았다. 어머니 얼굴을 마주하니 마음이 미어졌다. 주름진 얼굴에는 멍이 퍼렇게 들어 있었다. 산에 나무하러 갔다가 빙판길에 넘어져서 다쳤다고 했다. 나이 많은 어머니가 보호자도 없이 홀로 지내시는 것이 한없이 죄송스러웠다. 내 가정을 돌보고, 내 살림만 신경 쓰느라 어머니 곁에 있을 수 없는 것도 너무 속상했다. 어머니와 이틀 밤을 보냈다. 이 얘기 저 얘기 도란도란 나누며 어머니가 지어준 밥을 맛있게 먹었다. 집으로 돌아오는 날 어머니를 혼자 두고 돌아서는 발걸음이 그렇게 무거울 수가 없었다.

출소 후 첫해는 정말 정신없이 지나갔다. 내가 교화소에 갇혀 있는 동안 사람들이 많이 변해서 나라에서 시킨다고 해서 시키는 대로 고분고분 다 하지를 않았다. 배급이 없어졌고 아무런 보상도 없으니 그럴 마음이 없어진 것이다. 각자도생, 누구나 자기 먹을 건 자기가 벌어먹어야 했다. 그런데도 남자들은 철길 보수 같은, 당에서 시키는 일을 해야 할 때가 많아서 일은 주로 여자들이 했다. 그래서 '남자는 낮 전등, 풍경화'라는 말까지 생겼다. 이제는 북한에도 남한에서처럼 결혼을 안 하는 여자들이 많아졌다. 도움도 안 되는 남자들과 굳이 결혼할 필요를 못 느끼는 것이다.

사람들이 변한 것만큼, 아니 그 이상으로 나도 변했다. 겉으로는 사람처럼 사는 것같이 보였지만 내 내면은 여전히 불안했다. 교도소에서 얻은 정신적 트라우마를 그대로 안고 살면서 아이들을 돌보고, 시어머니를 모시고, 남편을 대하는 것이 너무 고통스러웠다. 게다가 끝없이 반복되는 집안일로 몸과 마음이 지쳐갔다. 출소 전이나 마찬가지로 출소 후에도 나는 조금도 쉴 수가 없었다. 전기가 없어서 밤이 되면 모든 일을 강제로 끝내야 해서 좋았다. 빛이 없는 밤에는 조용히 바람 소리를 듣는 것 말고는 아무것도 할 수 있는 것이 없었다.

하루는 감방에서 친하게 지내던 친구들에게서 연락이 왔다. 함께 지옥 같은 세월을 견디고 이겨낸 그 친구들이야말로 내가 마음을 터놓고 이런저런 이야기를 할 수 있는 동지였기에 마른 땅에 내리는 단비같이 반가웠다. 그렇지만 반가움도 잠시, 그 친구로부터 김영아 선생님의 안타까운 소식을 들었다. 김영아 선생님은 감방 안에서 주변의 만류와 수군거림에도 아랑곳하지 않고 성경 말씀과 예수님 전하기를 멈추지 않았다고 한다. 그러다가 결국에는 발각되어 '기독교 간첩'이라는 죄목으로 정치범 수용소로 갔다는데, 그 뒤로는 어떻게 되었는지는 알 길이 없다.

감옥에서 만난 김영아 선생님은 내가 중국에서 듣고 배웠던 예수님의 가르침을 삶에서 그대로 실천했던 사람이었다. 그분과 함께했던 감옥에서의 신앙생활은 정말 나에게 큰 도전이 되었다. 죽어서도 나오지 못한다는 정치범 수용소에 가는 것조차 두려워하지 않았다는 간증을 듣고 나는 삶과 죽음을 바쳐 예수님을 따르는 것이 어떤 것인지 조금은 알 것 같았고 마음으로부터 존경심이 우러나왔다.

처음 한국에 왔을 때 그분 생각이 참 많이 났다. 그분을 이북에 두고 나 혼자만 한국 땅에 온 것이 너무 죄송스러웠다. 어떤 때는 삼시 세끼 밥을 먹고 더운물로 샤워하며 자유롭게 호흡하는 이곳 생활이 나에게 과분한 것 같아서 죄스럽기도 했다. 선생님이 몸소 가르쳐주신 신앙생활의 표본을 평생 잊지 않고 살아가면서 나도 누군가의 김영아 선생님이 되어야겠다고 다짐하며 기도한다.

남한을 품다

집안일만 하다 보니 하루하루가 마치 다람쥐가 쳇바퀴 돌리는 것
같았다. 고부갈등은 나아질 기미가 안 보였고 아이들은 여전히 나를
어색해했다. 생활 형편도 좋지 않으니 조금이라도 살림에 보탬이 되
겠다고 바깥일을 찾아 나섰다. 당시 우리 집 근처에 금을 캐는 광산
이 있었다. 불법이었지만, 밤에 몰래 광산에 가서 돌을 한 무더기씩
사 와서 작업하는 것이 그 동네에선 꽤 통용되는 부업이었다. 남편과
상의해서 그 일을 해보기로 하고 어느 날 밤 시누이와 함께 나갔다.
길이 참 멀고도 험했다. 밤 9시쯤에 집을 나서서 자전거를 타고 30
분을 가면 산에 도착했다. 거기서 3천 원을 주고 자전거를 맡기고 거
기서부터는 걸어서 두세 시간을 가야 광산 입구가 나왔다. 우리가 갔
을 땐 벌써 우리처럼 일감을 구하러 온 사람들 몇이 줄을 서 있었다.
돌을 한 무더기 받아서 어깨에 멨는데 무게가 30킬로 정도였다. 쌀
자루 30킬로를 지는 것과 돌무더기 30킬로를 지는 것은 달랐다.

캄캄해서 앞도 제대로 보이지 않는 한밤중에 무거운 돌무더기를 지고 걷는 것은 여간 힘든 일이 아니었다. 더군다나 야맹증이 있는 나는 밤에는 거의 맹인에 가까웠다. 순찰대가 수두룩하게 깔린 지역이다 보니 손전등이 있어도 켜지를 못했다. 앞이 보이지 않으니 움푹 파인 웅덩이나 얼음 빙판을 만나면 영락없이 넘어졌다. 다들 멀찍이 앞서가는데 나는 몸 상태도 좋지 않고 보이지도 않아서 스무 걸음 걷고 스무 걸음만큼 쉬면서 가다 보니 시간이 하염없이 걸렸다. 무거운 돌을 이고 지고 거의 기어가다시피 해서 자전거를 세워놓은 데까지 가서, 맡겨 놓은 자전거를 찾아 뒷좌석에 돌무더기를 올려놓았다. 돌짐이 어찌나 무거운지 자전거 앞축이 위로 들려서 타지도 못하고 쩔쩔매다가 하는 수 없이 자전거를 집까지 끌고 왔다.

다들 어디서 힘이 나오는지 자전거를 타고 씽씽 잘만 타고 가는데 나와 시누이만 덩그러니 어둠 속에서 낑낑거리곤 했다. 내 한 몸 부지하기도 힘든 추운 겨울날이었지만 무거운 자전거를 끌고 산길을 오르고 내리다 보면 온몸이 땀으로 흥건했고 숨은 턱에 닿았다. 남들은 다 자는 밤, 생존을 위해 이렇게 젖 먹던 힘까지 짜내며 길바닥에서 몸부림치는 내 신세가 너무 처량해서 문뜩문뜩 서러움과 분노가 치밀었다. 세상이 모두 잠든 한밤중에 출발한 여정은 동틀 무렵에나 끝이 났다. 불현듯 이게 바로 북한 주민들의 실태라는 생각에 몸서리가 쳐졌다.

눈을 잠깐 붙였다가 우리는 다음 날 이른 아침이면 어김없이 얼얼한 몸을 다시 억지로 일으켜 세웠다. 새벽까지 힘들게 이고 지고 가져온 돌무더기를 꺼내 아침 댓바람부터 온 가족이 달려들어 작업을 시작했다. 30킬로나 되는 돌덩이들을 잘게 쪼개서 기계에 넣으면 기계 속에 있는 시약이 화학작용을 일으켜 돌가루 속 금가루가 추출되는 방식이었다. 전날 밤 고생한 것에 비하면 돌에서 나온 금가루는 너무 초라했다. 실망스러워서 다시는 그 일을 하지 말아야지, 다짐하곤 했지만 딱히 다른 일을 구할 수도 없어서 매번 안 보이는 눈으로 밤길을 오가며 돌덩이를 얻어왔다.

당시에는 시집 식구들이 한동네에 살았는데 시동생네는 우리보다 생활이 더 어려웠다. 우리는 그나마 키울 가축이라도 있었지만 시동생네는 정말 아무것도 없었다. 그렇다 보니 야밤에 돌덩이 가져오는 것만으로는 하루하루 입에 풀칠하기도 바빴다. 내 눈에는 그들이 불쌍해 보였지만 정작 그 집 사람들은 그런 생활이 익숙해서인지 힘들어하지 않고 행복해했다. 그 모습을 보면서 '내가 차라리 중국에 다녀오지 않았더라면' 하고 생각했다. 내가 아는 세상이 한정되어 있을 때는 이것이 다라고 생각해서 만족하면서 살 수 있었을 텐데 괜히 더 넓은 세상에서 자유를 맛보고 온 탓에 더 힘든 것 같았다. 그런 생각을 하면 할수록 나 자신이 불쌍해 보였고 거기서 사는 일이 더 어렵게 느껴졌다.

거기서의 삶이 마치 꽁꽁 묶인 채 철창 속에 갇혀 있는 것 같았다. 남편은 손재주가 좋고 기술도 많아서 그 동네에서는 찾는 사람이 많았다. 그래서 그랬는지는 몰라도 가택수색을 하면 꼭 우리 집 먼저 검열이 들어왔다. 하루는 여느 날처럼 애써서 얻어온 돌덩이를 잘

게 쪼개 기계를 돌리고 있는데 담당 보안원이 들이닥쳤다. 집 안에 있는 기계를 보더니 다짜고짜 불법이라며 압수하겠다고 했다. 하지만 금가루를 추출하는 그 기계는 어느새 우리 집의 중요한 생계유지 수단이 되어 버렸기 때문에 그대로 뺏길 수는 없었다. 억지를 부리는 담당 보안원 앞에서 내가 소리쳤다. "당신이 저것을 빼앗는 바로 그 순간, 나는 이 시약을 마시고 죽을 거다. 우리 집은 저 기계로 간신히 애들 밥을 먹이고 공부시킨다. 차라리 내가 작은 불법을 해서라도 여기서 살아남는 게 다시 돈 벌겠다고 중국 가는 것보다 낫지 않은가!" 나는 한 발짝도 물러서지 않았다. 내 기세에 담당 보안원이 그냥 돌아갔다. 내가 그 난리를 피우는 동안에도 남편은 한 마디도 저항하지 못했다. 원래 북한 사람들이 다 그렇다. 그러니 나라도 강해져야 했다.

하루는 별안간 바깥에서 시끄러운 소리가 났다. 나가 보니 나라에 아주 큰 일이 터졌다고 했다. 김정일의 사망 소식이었다. 온 나라가 혼란에 빠졌고 곧 요란하게 추모식이 열렸다. 당시는 추운 겨울이어서 추도 모임을 어떻게 하게 될지 걱정부터 들었다. 김일성 사망 때는 한여름이라 바깥에서 추모식을 하다가 쓰러진 사람들이 많았다. 이번에는 다행히 실내에서 한다고 했다. 각 마을 회관이 애도관으로 바뀌었고 학생들이 줄지어 추모관에 들렀다. 큰 가정집을 빌려서 TV를 켜놓고 생방송으로 추도식을 진행하기도 했다. 가기는 싫었지만 우리도 당연히 참석해야 했다. 근처에 사는 시집 식구들도 정해진 장소에 가서 애도를 표했다. 우는 사람도 있었고 울지 않는 사람도 있었다. 나와 남편은 울지 않았다.

집에 돌아와서 남편에게 장군님이 돌아가셨는데 왜 울지 않았는지 물어보았다. 남편은 "내가 한 번도 뵌 적이 없고, 그 사람에게 정도 없고, 그렇다고 그 사람 덕에 잘 먹고 잘사는 것도 아닌데 무슨 좋은 마음이 있어 울겠나. 울어야 한다면 그 사람 덕을 많이 본 평양 시민들이나 울겠다"라고 대답했다. 남편의 말에 새삼 북한의 우상화가 많이 무너졌다는 것을 실감했다. 물론 부부간에나 할 수 있는 말이었지 밖에서는 절대 입 밖에 내놓을 수 없는 말이었다.

다사다난했던 겨울이 가고 북한에도 봄이 왔다. 출소한 지 몇 개월이 지나 신분증을 새로 만들었다. 교화소에 들어갈 때 공민권을 박탈당하고 짐승 취급을 받았는데, 이제 공민증이 생겼으니 새로 태어난 사람처럼 다시 공민 자격을 얻은 것을 기뻐해야 했지만, 나는 기쁘기보다는 오히려 서글프고 우스웠다. 게다가 시민권이 있어도 밤 9시가 지나면 누구나 마음대로 나다니지도 못했다.

나는 가끔 남편의 허락을 받고 옆 동네 사는 교화소 동기생들을 찾아가 회포를 풀었다. 우리끼리 통하는 인사는 "그동안 잘 있었니?"가 아니라 "왜 아직 안 갔어?"였다. 우리는 얘기가 잘 통했다. 다른 사람들에게는 하지 못할 이야기도 우리 사이에는 못 할 말이 없었다. 사회의 불공평이나 이 나라의 수장에 대해서도 허심탄회하게 이야기할 수 있었고 명확하고 솔직하게 무엇이 옳다, 그르다 터놓고 말할 수 있는 유일한 친구들이었다. 그 친구들 덕분에 내가 하고 싶은 말을 다 할 수 있어서 속에 화병이 생기지 않았던 것 같다.

하지만 만나러 가기가 쉽지는 않았다. 친구들이 살던 동네는 어린 아이들까지 마약을 한다는 소문이 자자할 정도로 분위기가 험악한 곳이었다. 그 근처에 국경이 있어서 유난히 순찰대도 많았다. 중국으로 도주하는 사람들이 많아 밤에는 암묵적으로 통행이 금지되었고, 단속에 걸리면 신원조회와 몸수색을 당하게 되니 여간 골치 아픈 것이 아니었다. 내가 다니던 길은 산골 마을에 가로등도 없는 길이어서 밤에는 아무것도 안 보였다. 그런데 어느 날 밤 집에 오다가 순찰대원의 단속에 걸리고 말았다. 순찰대원은 으레 하듯 무심코 내 이름과 주소를 물었다. 나는 순순히 대답해주지 않고 "내 이름이 뭔지가 왜 중요한가, 내가 내 마을에서 우리 집 가는데!"라며 완강하게 대들었다. 순찰대원은 당황했다. 그날은 내가 돌덩이를 이고 와서 불법을 저지른 것도 아니고, 그저 옆 동네 친구 집에 다니러 갔다가 오는 길이었을 뿐인데 그런 약간의 자유조차 주어지지 않는 그 사회가 참을 수 없이 갑갑하게 느껴졌다.

또 한 번은 순찰대원이 집에 돌아오는 나를 붙잡더니 다짜고짜 험한 말을 해대며 몰아붙였다. 그래서 내가 "왜 간첩은 못 잡고 애먼 시골 아낙네를 잡고 난리를 치냐"며 화를 냈더니 그냥 돌아갔다. 어떤 날은 친구네 집에서 자다가 숙박검열에 걸려서 밤새 분주소(파출소)에 갇혀 있다가 풀려난 적도 있었다. 분주소에서 나오면서 이 나라는 도저히 사람 살 곳이 아니라는 생각에 화가 치밀었다.

동네 간 이동에 대한 감시는 옆 동네에 갔을 때만이 아니었다. 하루는 집에 있는데 뜬금없이 보위부 지도원이 찾아와서 내가 옆 동네에 너무 자주 다닌다며 경고했다. 나는 그 말을 듣는 순간 "내 조국의 푸른 대지를 내가 왜 내 마음대로 떳떳하게 두 발로 밟지 못하는가? 내가 밟으면 안 되는 땅이라도 되는가? 나는 죗값을 다 치르고 나오지 않았는가! 왜 나한테 이렇게까지 관심을 가지는가?" 하면서 따져 물었다. 보위부 지도원은 나에게 딱히 옆 동네 가서 할 일이 있느냐고 물었고, 나는 "가정주부로서 시장도 보고 이것저것 할 일이 적겠는가?" 하고 대꾸했다. 그 일로 나는 내가 언제, 어디를, 얼마나 자주 가는지를 집요하게 감시당하고 있고, 윗선에서도 보고를 듣고 있다는 것을 짐작할 수 있었다.

그때를 생각하면 지금도 소스라치게 놀라곤 한다. 북한 사회가 나쁜 아니라 주민들을 따뜻하게 대하지 않는다는 것은 확실했다. 특히 출소한 뒤부터는 항상 감시 속에 위압감을 느끼며 살았다. 그렇게 숨막히는 통제와 감시가 결정적으로 드러났던 또 다른 사건이 있었다. 내가 고향에 놀러 갔을때였다.

어느 여름날 9년 만에 내가 나고 자란 고향 청진에 갔다. 정말 오래간만이라 간 김에 열흘을 머물렀다가 돌아왔는데 온 동네가 발칵 뒤집혀 있었다. 남편 말로는 하루도 빠짐없이 담당 보위지도원이 들락날락하면서 내가 어디를, 왜 갔는지 따졌다고 했다. 얼마나 요란을 떨면서 조사를 했는지 남편 말은 무시하고 의심하면서 내가 다시 탈북해서 중국에 간 게 아니냐고 거의 취조하듯 다그치더라는 것이었다. 심지어 내가 집에 돌아오자마자 옆 동네 친구들에게 연락이 왔는데, 별안간 보위부 지도원이 들이닥쳐서 내 향방을 끝없이 캐물었다고 했다. 그러고는 결국 나한테 와서 "너 탈북했던 거 아니냐?"며 추궁했다. 정말 서글프고 답답했다.

나의 일거일동을 시시콜콜 들여다보는 그 사회가 말로 표현할 수 없을 정도로 힘들었다. 공장이나 기업소 하나 없는 청정지역인 그곳에서도 숨이 막혔고, 발목에 굵은 쇠사슬이 채워져 있는 느낌이었다. 중국에서 자유로이 살다가 잡혀와서 감시당하며 지내다 보니 이 북한이라는 나라에서는 더는 못 살겠다는 생각이 들었다.

자전거로 옆 동네에 갈 때마다 나는 "당신은 사랑받기 위해 태어난 사람"이라는 찬송을 많이 부르며 기도했다. "주님, 주님께서 저를 '사랑받기 위해 태어난 사람'이라고 하셨습니다. 주님, 저는 주님의 딸입니다. 저를 남한 땅으로, 자유로운 세계로 보내주세요." 내가 지금 남한 땅에 있는 것이 몇 년 전 그 서글픈 기도에 주님이 응답해 주신 것임을 굳게 믿고 감사드린다.

사람이 산다

　북한 사회에서 태어난 사람은 누구든지 조직에 등록된다. 소년단, 사로청, 직맹, 여맹 등 각종 조직에 가입되어 관리된다. 나는 여자들이 일괄적으로 등록되는 여맹에 속해 있었지만 출소한 이후로는 조직 생활을 열심히 하지 않았다. 그 동네 사람들과 어울리기도 불편했고 딱히 어울리고 싶지도 않았다. 탈북해서 중국을 다녀왔고 교화소에까지 들어갔다가 나온, 어쩌면 낙인 찍힌 인생인 나로서는 다른 북한 주민들과 아무렇지 않게 소통하고 관계를 맺어가기가 쉽지 않았다. 사람들이 중국은 어땠는지 순수하게 물어보는 것 같아도 내 대답을 좋게 듣는 사람도 있었지만 나쁘게 평가하는 사람이 더 많았다. 나는 남들의 그런 시선과 평가가 무섭고 싫었다. 그래서 점점 더 사람들과의 접촉을 꺼리게 되었고 동네 사람들과 벽을 쌓고 지냈다.

　특히 교화소에서 비인간적인 생활을 하며 보낸 2년 동안 보고 듣고 경험했던 모든 것이 나에게는 정신적인 트라우마로 남아 있었다.

그런데 출소해서 새로운 환경에 또다시 적응해야 한다는 것이 큰 스트레스였다. 당연히 새로운 대인관계를 맺을 여유는 없었다. 혼자 집에 있으면서 날마다 같은 일상을 반복하는 것은 지루하기 짝이 없었지만 나는 차라리 그렇게 지내는 것이 밖에서 사람들과 부대끼는 것보다 훨씬 편했다.

북한은 감시가 철저한 사회여서 하루가 멀다고 여맹위원장이나 인민반장이 집으로 찾아와서 왜 조직 활동을 하지 않느냐고 다그쳤다. 또 매일 담당 형사에게 가서 나의 행방을 보고했는데 그때마다 '왜 임사라는 하루 종일 집안에만 있느냐?'며 이상한 사람 취급을 했다. 가끔 친구들을 만나러 옆 동네에 가면 그걸 또 어떻게 알고 우리 집에 찾아와서 조직 생활은 안 하면서 엉뚱한 데를 다닌다고, '이렇게 살다가 죽겠느냐'며 남의 인생에 참견했다. 그들의 눈에는 내가 돌봄이나 교양의 대상이자 정상적 삶의 기준에서 벗어난 아주 부패하고 타락한 감시 대상일 뿐이었다.

주민들 사이에 정교하게 구축되어 있는 조직은 본래 나라를 위하고 주민들의 안녕을 위해 구축된 시스템일 것이다. 하지만 이제는 주민의 안녕은커녕 백성들의 허리가 휠 정도로 이런저런 명목으로 세금을 거두기 위한 수단일 뿐이었다. 겨울에는 추운 날 전방에서 잠복근무하는 군인들을 후원한다고 토끼의 털가죽을 바치라고 할 때도 있었고, 지역 사회에 건물을 지을 때도 세대별로 얼마씩 돈을 내라는 지침이 내려왔다. 게다가 인민반을 통한 세대 부담만으로 그치는 것이 아니라 각자가 속한 여맹, 직맹, 학교 등에서도 걷어

가서 같거나 비슷한 목적으로 이중, 삼중으로 나라에 뜯기는 셈이었다. 원래대로라면 나라에서 배급을 줘서 주민들이 먹고사는 것이 정상일 텐데, 어찌 된 일인지 줘야 할 배급은 안 주면서 당에서 동원하는 일들이 많아서 먹고살기가 여간 힘든 게 아니었다.

그렇게 어려운데도 사회에 대한 불만을 표출하는 것은 그 즉시로 문제가 되었다. 하루는 인민반장이 돈을 걷으러 왔길래 내가 '도대체 이 나라는 나에게 해준 게 뭐가 있다고 돈 낼 일이 이렇게 많은가?' 하고 불만을 표출했다. 여맹위원장에게도 '대체 이 나라는 우리에게 제공하는 것은 아무것도 없으면서 왜 주민들을 이런 식으로 못살게 구느냐'고 따졌다. 그랬더니 돌아오는 말인즉슨, '우리가 굶더라도 조국을 지켜야 한다'는 것이었다. 얼마나 세뇌가 잘 되어 있던지 나는 할 말을 잃었다. 옆집 시댁 형님에게 돈 걷으러 왔던 여맹위원장에게 한마디 했다고 하자 펄쩍 뛰면서 절대 그런 말 하지 말라고 주의를 주었다. 자꾸 그러다가는 불순분자로 낙인찍혀서 쥐도 새도 모르게 정치범 수용소에 끌려 갈 수도 있다는 것이었다. 어렴풋이 알고는 있었지만 체포될 수도 있다는 말을 내 두 귀로 직접 들으니 새삼 위협과 압박이 느껴져 서글프고 원망스러웠다.

아무도 내 마음의 불안과 어려움을 보듬어줄 수 없었다. 가족들과도 함께 지내기가 힘들었다. 생계유지가 어려우니 마음까지 강퍅해져서 가족 간에 따뜻한 말 한마디 건네기조차 어려운 날도 있었다. 시어머니는 나와 갈등이 있을 때마다 남편에게 "왜 저렇게 살려놔서 데려왔냐. 면회도 가지 말 것이지" 하면서 마음에도 없는 말을 했다.

중국에서 힘든 시간을 견디게 해준, 내 인생과 행복의 전부였던 우리 아이들과도 점점 세차게 다가오는 현실의 물살에 밀려 속마음과는 다르게 감정의 골이 깊어졌다. 애들 생각에는 오래 엄마 없이도 아빠와 사이좋게 잘 지냈는데 별안간 낯선 엄마가 나타나서 아빠와 자꾸 다투고 집안 분위기를 망쳐놓는다고 여겼을 것이다. 애들은 나를 엄마라고 부르지도 않았다.

내가 집에 돌아온 뒤로는 그동안 만남의 광장 같았던 우리 집 분위기도 변했다. 원래는 마실방처럼 애 아빠 친구들이 많이 놀러 와서 담배를 피우며 이런저런 이야기를 나누곤 했는데, 나는 그런 일을 감당할 자신이 없었다. 게다가 출소하고 난 뒤라 더 예민하고 민감했다. 그래서 아예 우리 집에서는 사람 접촉을 없애자고 결심했다. 정말로 친한 사람 말고는 집으로 불러들이지 않았다. 우리 집에 유일하게 올 수 있는 사람들은 가족이 중국에 가 있거나 이미 다녀온 사람들이었다. 허심탄회하게 이 나라와 사회에 대해 같이 이야기할 수 있는, 마음이 통하는 사람들하고만 어울렸다.

하루는 집에 초대한 사람들과 중국 백화점 이야기를 하게 되었다. 백화점에서 이것저것 사다가 짐이 많아지면 보관함에 잠시 넣어두는 체계가 있다는 이야기를 하다가 갑자기 울컥했다. 북한에서는 물품보관소는커녕 흙길에서 타고 다닐 자전거를 갖기조차 어렵다는 생각에 다시 한번 마음이 공허해졌다. 하지만 우리 딸 앞에서는 그런 말을 함부로 할 수가 없었다. 언제 한번 그런 이야기를 했더니 딸이 얼굴빛을 확 바꾸면서 우리나라도 생산하면 더 좋은 제품이 나온

다며 화를 냈다. 내가 낳은 자식이라도 내 마음 같지가 않았다. 심지어 그런 말을 하는 엄마가 이상한 사람이라며 내 말을 잘 들어주지 않았다. 내가 제일 부러웠던 게 아이들이 밖에서 멀리 있는 엄마를 발견했을 때 "엄마!" 하고 반갑게 달려와 안기는 모습이었다. 하지만 우리 딸은 좁은 골목에서 나와 마주쳐도 아는 척도 하지 않았다.

어느 날 집에서 남편 양말을 꿰매고 있는데 시형이 벌컥 문을 열고 들어오더니 다짜고짜 큰 소리로 우리 딸을 찾았다. 성질이 아주 불같은 분이신데 그날따라 우리 딸에게 '누구 집에 들어가서 과일을 훔쳤냐?'고 노발대발했다. 알고 보니 친구하고 남의 집 담을 넘어 들어가서 과일을 따다가 들켰다는 것이다. 아무리 가난해도 그렇지 딸이 남의 집 과일을 훔치다니…. 엄마가 감옥에서 나온 전과자인데 딸마저 다른 사람들 눈에 죄인으로 낙인 찍히게 될지 모른다는 생각에 더 마음이 아팠다. 그래서 부러 시형 들으라고 큰 소리로 딸을 혼냈다. "엄마가 교화소 갔다 온 전과자인데 니라도 깨끗하게 살아야지, 니가 남의 물건을 훔치면 사람들이 뭐라고 하겠나?" 그랬더니 시어머니가 방문을 열고 당신이 먹고 싶다고 지나가는 말로 한 소리를 손녀딸이 들었나 보다고, 너무 나무라지 말라고 하셨다. 며칠 전부터 몸져누워 있는 할머니가 했던 말을 듣고 한 일이었다. 아이 마음을 몰라준 것도, 훔칠 수밖에 없을 만큼 우리 집이 가난한 것도 미안하고 속상해서 혼자서 한참을 울었다.

그런데 쥐구멍에도 볕 들 날이 온다고, 아이들과 친해질 기회가 생겼다. 학교 운동회 날이었다. 그곳에서도 평소에는 잘 못 먹어도 운동회 날만큼은 부모들이 최선을 다해서 아이들 도시락을 싸주는 분위기였다. 나도 그날만큼은 중국에서 배워온 요리 실력을 발휘해서 정성스럽게 아이들 도시락을 준비했다. 남편도 이럴 때만큼은 빚을 져서라도 잘해주자며 반찬을 더 많이 해가자고 했다. 남편은 그동안 엄마 없이 키웠다는 소리를 듣고 싶지 않아서 사소한 것까지 신경을 써가며 아이들을 돌봐온 모범 아빠였다. 남편 말을 듣고 장마당에 가서 재료를 더 사 와서 요리를 했다.

운동회 당일 아이들과 같이 학교에 갔다. 초등학교에서 고등학교까지 모두 한 울타리 안에 있었고 건물만 달랐다. 점심시간에 남의 아이들 도시락을 다 둘러보았지만, 우리 아이들 것만큼 그럴듯한 도시락은 없어서 괜히 어깨에 힘이 들어갔다. 김밥, 인조고기, 떡, 생선, 해물, 각종 나물까지 해갔더니 아이들도 은근히 자랑스러워하는 눈치였다.

오후에는 장기자랑을 했다. 우리 딸이 앞에 나가서 노래자랑을 하는데, 정말 꾀꼬리 같은 소리로 노래를 참 잘했다. 소년단 주임이 '누구 딸이 이렇게 노래를 잘 하느냐?' 물으니 딸이 나를 가리켰다. 그러자 선생님이 '저기 뒤쪽에 특이한 안경을 낀 학부모'라고 나를 불렀다. 선생님의 갑작스러운 호출에 당황했지만, 티 내지 않고 딸 옆으로 가서 사람들의 호응에 맞추어 노래를 불렀다. 물론 김일성 3대를 칭송하는 노래였다. 나중에는 아들까지 합류해서 셋이서 노래 솜씨를 뽐냈다. 그 일은 각박한 세월 속에서 사막의 오아시스와 같이 영원히 간직하고픈 아름다운 기억이다. 그 이후로는 아이들과도 차

즘 관계가 좋아졌다.

출소 이후의 삶은 심적으로는 고군분투했고 경제적으로는 빠듯했지만, 하나님은 항상 나와 함께 계셨고 순간순간 어려운 상황을 헤쳐 나갈 용기와 지혜를 주셨다. 일본에 가서 간증할 때 '북한을 사랑하고 용서하십니까?' 하는 질문을 받는다. 그것은 나에게 가장 어려우면서도 가장 깊이 내 마음을 울리는 질문이다. 나는 내가 태어나서 자란 고향이며 아름다운 추억이 있는 그곳을 무조건 욕하고 싶지는 않다. 얼마 전 큰 인기를 끌었던 드라마 <사랑의 불시착>을 보면서 많은 남한 사람들이 북한 사람들이 인정 깊고 이웃을 위하며 사는 모습에 놀랐다고 한다. 북한을 이웃끼리 서로 감시하는 경직된 사회라고만 생각해 왔기 때문일 것이다. 하지만 그런 사회에서도 사람이 산다. 이웃 간의 정이 있고 서로 사랑하고 보듬고 아끼는 인간관계가 있다. 그래서 힘들고 외로울 때면 나 역시 그 속에서 살던 때가 그리워진다.

탈북민들은 사회주의 습성에 젖어서 시키는 일만 하고 너무 이기적이어서 남한 사람들과 어울리기 힘들다는 말들도 한다. 하지만 나를 많이 도와주시는 어느 작가님의 교회에서 열린 통일소망학교에서 20년 넘게 탈북민을 연구해 오신 연세대 교수님이 하신 말씀은 이렇다. 보이는 게 다가 아니라고, 깊이 만나 봐야 한다고. 그러면서 탈북민들은 의리 있고 이기적이지 않다고 했다. 원래 사회주의가 이기적이지 않고 나눠주는 체제다. 이기적인 걸로 치면 오히려 남한 사람들이 더한 면도 있다. 다만 탈북민들이 체제가 다른 곳에 와서 적응하기가 쉽지 않아서 경계하고 의심하고 불안해하니까 이상하고 다르게 보이는 것이다. 탈북민들은 자기들 고조할아버지, 증조할아버지 이름은 몰라도 김일성 김정일 가계도는 다 꿰고 있을 정도로 오랫동안 사회주의 체제에 복종하면서 살았던 사람들이다. 남한에 와서 갑자기 자유를 누리게 되자 그동안 억눌러왔던 분노를 터트리는 경우도 물론 있다. 하지만 한두 개인의 문제를 전체로 보면 안 된다. 색안경을 끼면 사라지는 색깔이 많다. 남한이나 북한이나 다 사람 사는 곳이고, 사람 사는 곳은 어디나 똑같다. 그리고 알고 보면 북한 사람들은 참 순수하다.

나는 출신 지역을 따지기보다 북한이라는 나라를 우리가 기도로서 하나님께 맡기고 온전히 품어야 할 곳이라고 고백한다. 그리고 그곳에서의 나의 삶도 지금 이 땅에서의 나의 삶도 온전히 하나님 손에 맡겨드려야 한다고 믿는다.

한 번 죽지 두 번 죽나

　돌이켜보면 내 인생은 말 그대로 참 파란만장했다. 처음 탈북해서 중국에 정착한 후에는 예수님을 알게 되었고, 가족 구원을 위해 기도할 무렵에는 좋은 일자리를 주셨으며, 그곳에 잘 정착해서 많지는 않아도 매달 고향 땅에 있는 가족들에게 생활비를 보낼 수 있었다. 공안에게 발각되어 북송된 후에는 이 감옥 저 감옥을 옮겨 다니며 인간 이하의 생활을 했지만, 그때도 반장, 주방장, 조장을 맡을 기회를 주셨다. 감방에서는 죽음을 불사하고 전도하는 바울과 같은 김영아 선생님을 만나서 신앙의 진수를 배울 수 있었고, 하나님의 은혜로 생각보다 일찍 출소했다. 그리고 마침내 그리운 가족들과 부대끼며 사는 일상을 되찾았다. 돌이켜보면 모든 일이 축복이었다.

　그러나 그때는 먹고살기 너무 어려웠다. 그래서 어렵고 힘든 일도 닥치는 대로 해야 했다. 화전민 생활을 하면서 오십 킬로나 되는 감자, 옥수수를 등에 지고 산비탈을 내려올 때도 있었다. 지금 생각하면 엄두도 못 낼 무게였다. 부지런한 남편은 여기저기 다니면서 다양한 기술을 배워 와서 집안 살림을 꾸려나갔다. 어느 날부터는 어렸을 때부터 취미로 하던 사냥 실력을 발휘해서 멧돼지와 노루를 잡아다가 팔았다. 산 사냥은 불법이었지만 생계를 위해서는 어쩔 수 없는 일이라 산림보호원에게 뇌물을 주면서 그 일을 했다. 잡은 동물은 동네에서 조용히 팔거나 시내 장마당에 나가서 팔았다.

나는 출소 후 1년쯤 지나자 어느 정도 적응도 되고 주변 상황도 파악이 됐다. 그럴수록 자유가 억압된 그 땅을 벗어나고 싶다는 마음은 더 커졌다. 표현의 자유, 이동의 자유, 직업의 자유도 간절했지만 무엇보다 중국 교회에서 만났던 그 하나님을 마음껏 전하고 예배할 수 있는 신앙의 자유가 갈급했다.

어느 날은 집에 있는데 뜬금없이 보위지도원이 핸드폰을 들고 우리 집에 찾아왔다. 표면적으로는 핸드폰에 녹음된 중국말을 통역해 달라는 요청이었지만, 나는 본능적으로 내 반응을 보려는 술수라는 것을 알아차렸다. 내가 핸드폰에 관심이 있는지, 그리고 중국 가는 데 관심이 있는지를 관찰하려는 수법이었다. 핸드폰 녹음을 들어보니 어떤 북한 여성이 중국말로 "중국에 가고 싶은데 이곳 생활이 어려우니 중국 돈 얼마를 보내 달라"는 내용이었다. 나는 얼굴도 모르는 그 여성에게 왠지 모를 동질감을 느꼈다. 그래서 "생활이 어렵다고 돈 좀 보내 달라"는 내용이라고만 통역해주었다.

보통 북한 사람들이 외부에 있는 가족이나 지인들에게 생활비를 받을 때는 불법적인 브로커들을 통해야 하는데, 수수료가 30퍼센트 정도 된다. 10만 원을 보내면 7만 원만 받게 되는 것이다. 그런데 외부에 전화를 하려면 높은 산에 올라가야 통신 전파를 받을 수 있는데, 통화를 하고 내려오다가 길목에 숨어 있는 보위지도원에게 걸리면 그마저도 빼앗기고, 붙잡힌 사람은 취조를 받거나 감방 생활을 하게 된다. 얼마 전 핸드폰을 들고 나를 찾아왔던 보위부 지도원은 그런 식으로 생활비를 전달받는 북한 사람들을 색출해내는 작업에 나를 동참시키려고 했다. 오고 가는 돈의 액수가 많을 때는 자신에게 귀띔해 달라는 것이었다. 국민의 안전을 위해서 법을 다룬다는 사람들이 사리사욕을 채우려고 돈을 갈취한다는 것은 있을 수 없는 일이다. 인간다움이 사라진 그 부패한 사회 속에 나는 더는 남아 있고 싶지 않았다.

자유로운 땅 남한에 가야겠다는 생각을 막연하게나마 가지고 있다가 어느 날 남편과 진지하게 그 이야기를 나누었다. 북한 땅에 있는 것이 지긋지긋하지 않나, 함께 남한으로 가자, 내가 중국에 있을 때 당신이나 아이들과 떨어져서 살아 보니 너무 힘들더라, 우리 다 함께 남한으로 가자 하면서. 그러나 남편은 그때마다 거절했다. 북한을 탈출하는 과정에서 붙잡혀서 즉시 처형되는 사람들이 정말 많았으니 그런 결정이 결코 쉬운 것은 아니었다. 처자식의 안위를 더 걱정한 남편은 번번이 내 제안을 거절했다. 그때마다 남편에 대한 원망이 커졌다. 때로는 남편이 비겁하다는 생각까지 들었다. 나는 가족과 떨어져 살아봐서 그것이 얼마나 힘든지 아는데, 정작 남편이 가지 않겠다고 하니까 거절당했다는 것 때문에 마음이 상했고 상실감을 느꼈다.

나는 당장 죽는 한이 있어도 탈북하고 싶을 만큼 북한에서 사는 게 힘들었다. 결국 남편이 가지 않으면 나 혼자라도 가야겠다고 마음을 굳혔다. 출소한 지 1년이 넘은 시점이었다. 나는 감방 동기들이 사는 옆 동네를 오가며 브로커들과 인맥을 쌓아나갔다. 가끔은 보위지도원들 모르게 브로커들을 도와 사람들을 데리고 가서 중국에 있는 가족들에게 연락하는 일을 했다. 중국과 같은 외부 세상과 연락하려면 깊은 산 속으로 올라가야 했다. 그러려면 의심받지 않도록 허름한 옷과 운동화, 호미나 낫 같은 도구를 준비해 화전민 행세를 해야 했다. 꼭두새벽부터 나가서 산을 타면 점심 즈음에는 중국이 내다보이는 지점에 닿았다. 연락 한 번 하고 내려오는 데 꼬박 하루가 걸렸다. 나도 그런 식으로 연락을 했고 브로커들을 도와 북한 사람들과 연결해주면서 수수료를 챙겼다. 운이 안 좋아서 순찰대원에게 걸리면 뇌물을 건넸다. 반을 주고 반을 챙기는 식이었다. 이렇게 한 푼 두 푼 돈을 벌어 살림에도 보태고 탈북 자금도 모았다.

어느 날 밤 남편이 산 사냥을 마치고 웬 낯선 사람과 함께 돌아왔다. 사냥하다가 우연히 만났다는데 산속에서 사는 사람이라고 했다. 마침 근처 마을에 잠시 머물러야 할 일이 생겨서 우리 집에 신세를 지러 왔다는 것이다. 이야기를 해보니 그 사람도 브로커 일을 하는 사람이었다. 혹시 내가 자주 다니는 옆 동네에 잘 아는 브로커가 있는지 물어보았더니 마침 알고 있다면서 집 주소를 알려주었다. 우연한 계기로 적절하게 찾아온 기회였다.

얼마 후 알려준 주소로 찾아가서 명식이라는 브로커를 만났다. 주로 밀수를 하는 사람이었는데 강을 안전하게 건너는 루트와 해당 브로커들을 잘 알았다. 그 친구에게는 남한으로 간다는 말은 안 하고 중국에 벌어놓은 돈이 있으니 탈북하는 비용과 방법을 상세히 알아봐 달라고 부탁했다. 몇 년 전에 탈북했을 때와는 상황이 많이 달랐기 때문이다. 비용은 갈수록 올랐고 경비도 삼엄했다. 이제는 국경 경비대원까지 동원하지 않으면 몰래 넘어가기가 거의 불가능했다. 당국에서 국경 경비대 군인들에게 탈북자들을 적발하면 포상휴가도 주고 대학까지 보내준다는 소문이 돌 정도로 통제가 심했다.

그즈음부터 나는 남한에 가려고 품었던 마음을 실행에 옮기기 시작했다. 강을 건너려면 돈이 많이 필요했는데 나 혼자 힘으로는 한계가 있었다. 중국 교회 지인에게 연락해서 후원을 부탁했다. 몇 달 동안은 한 달에도 몇 번씩 명식이라는 친구와 연락하면서 몇몇 브로커들과 안면을 트며 인맥을 다졌다.

그러던 어느 날, 옆 동네에서 장을 보다가 우연히 명식이를 만났다. 명식이가 결연한 표정으로 말했다. "누나, 길이 열렸다. 지금 가야 할 것 같다." 나는 내 귀를 의심했다. 마음이 복잡하면서도 새로웠다. 내가 북한 안에서만 살았다면 힘들어도 힘든 줄도 모르고 살았을 텐데 한번 외국 생활을 맛보고 온 뒤로는 거기서 살아가는 나 자신이 불쌍하기만 했었다. 답답함과 불합리함에 넌덜머리가 났고, 자유에 대한 갈증 때문에 현기증을 느낄 정도였다. 그런 나에게 그날의 제안은 나를 구원할 한 가닥 동아줄이었다. 내가 선택만 하면

되는 일이었다.

아무런 준비도 못 했고 작별인사도 못 했지만 이미 내 몸은 명식이를 따라가고 있었다. 우리는 그 지역에서 조금 걸어나가서 명식이 집에서부터는 자전거를 탔다. 가면서도 우리는 말 한마디 하지 않았다.

그 길로 우리는 반나절을 더 가서 밤이 깊어서야 명식이의 장모님 댁에 도착했다. 그 집에서 하룻밤을 묵고, 다음날 다시 반나절 정도를 이동해서 다른 여성 브로커 집에서 온종일 다음 일정을 기다렸다. 어두운 밤이 되자 국경 경비대원 한 명이 우리를 데리러 왔다.

우리는 경비대원을 따라 나갔다. 가을이었지만 날씨가 꽤 쌀쌀했다. 야맹증이 심했던 나는 깜깜해서 그 군인 뒤에 바싹 붙어서 따라갔고 명식이는 5미터 정도 떨어져서 따라왔다. 가는 길목에 옥수수밭이 있었는데 군인이 별안간 멈춰 서더니 기다리라고 했다. 국경 연선에서 이쪽은 문제가 없지만 저쪽 상황을 살피고 와야 하는 모양이었다. 명식이도 나도 옥수수밭 한가운데 쭈그리고 앉아서 그 군인이 돌아오기만을 기다렸다. 짧은 시간이었지만 참 적막하고도 길게 느껴졌다.

그때 갑자기 우리 앞에 커다란 그림자가 드리워지더니 "서라!" 하는 소리가 들렸다. 나즈막한 사람의 목소리에 눈앞이 캄캄해지고 머리가 하얘졌다. 명식이는 인기척이 느껴지는 순간 쏜살같이 도망쳤다. 하지만 나는 온몸이 굳어서 한 발자국도 움직일 수가 없었다. 찰나의 순간에 온갖 생각이 다 스치고 지나갔다. 뛰어도 어느 쪽으로 뛰어야 할지 알 수 없었고, 왔던 길을 되짚어간다 한들 중간에 걸릴 것이 뻔했다. 그렇다고 경비가 더 삼엄한 국경 쪽으로 뛸 수도 없는 노릇이었다.

하는 수 없이 일어나서 보니 다행히 군인은 아니었다. 누구냐고 물었더니 이 옥수수 농장의 벼 분조장이라고 했다. 분조장이면 그 지역에서 지위가 꽤 높은 축에 속하는 민간인이었다. 그 주변에서 탈북이 비일비재하다 보니 나 같은 사람 잡는 일이 그 사람에겐 별일도 아닌 것 같았다. 일찌감치 우리를 발견했으면서도 일부러 멀리서 보고만 있다가 군인이 사라지자 다가온 눈치였다. 분조장은 자기랑 같이 좀 가자고 했다. 보안서로 끌고 갈 게 뻔했다. 그러나 이대로 끝낼 수는 없었다.

나는 뾰족한 방도는 없었지만 어떻게든 시간을 끌어야겠다고 생각했다. 전방을 살피러 갔던 군인이 곧 돌아올 테고, 그러면 그가 나를 빼내 줄 거라는 희망을 버릴 수가 없었다. 나는 아무렇지도 않게 "여기 아무개 집에 일 보러 가는 길이었다"고 말했다. 하지만 그런 변명이 통할 리 없었다. 분조장은 얼른 따라오지 않으면 군인들을 부르겠다고 협박했다. 그렇게 시간을 끄는 사이 전방을 살피러 갔던 군인 청년이 돌아왔다. 그는 우리를 보자마자 시치미를 떼며 "이 밤에 이 녀인네는 왜 여기에 있는가?" 하며 우리 관내에 온 사람이니까 내가 데려가겠다며 내 팔을 낚아챘다. 그러나 분조장도 호락호락한 사람이 아니었다. "아, 뭐야, 내 손님이야" 하면서 엄포를 놓았다. 경험도 나이도 많지 않아 보이던 그 군인 청년은 그 기세에 밀려 그대로 돌아갔다.

절망적이었다. 분조장은 "보안서 사무실에 가자"며 나를 잡아끌었다. 설마 이대로 끝나는 건가. 머리가 새하얘져서 아무 생각도 나지 않았다. 털레털레 걸어가는데 문득 아줌마 하나가 다가왔다. 바로 명식이와 군인 청년 사이에 다리를 놓아준 사람이었다. 군인 청년이 자리를 뜨면서 그 아줌마에게 연락했고, 그 여성 브로커가 나를 찾으러 나온 것이었다. 다행히도 그 아줌마는 분조장과 각별한 사이였다. 그 여자가 나에게 "아니, 우리 집에 온 손님인데 어떻게 여기 있나?" 하면서 능청을 떨었다. 분조장은 "아무개 엄마, 지금 남편도 단련대 가 있는데 이런 장난을 자꾸 하면 되겠나?" 하면서 못마땅한 눈치로 나를 풀어주었다. 상황이 역전되어 이번에는 나와 분조장이 그 아줌마를 따라갔다.

아줌마 집에 도착했을 때 나는 그 둘이 모르게 얼른 집 뒤쪽으로 숨었다. 그런데 거기 명식이가 있었다. 분조장에게 걸렸을 때 냅다 뛰어서 온 데가 여기였다고 했다. 나는 명식이를 따라 그 집 뒷문으로 나와서 멀지 않은 곳에 있는 그 아줌마 동생네로 갔다. 그곳은 나 같은 탈북자들이 거쳐 가는 곳이었다. 일단 위기는 모면한 셈이었다.

명식이는 그 집에서 삶은 달걀을 얻어먹더니 정신을 차렸는지, 갑자기 자기는 무서워서 못 가겠다며 내빼려 했다. 나는 그러는 명식이에게 차라리 네가 입은 바지와 내가 입은 치마를 바꿔 입자며, 무슨 남자가 여자보다 겁이 많냐고 호통을 쳤다. 왠지 모르겠지만 나는 어려운 일이 닥칠수록 오기가 생겨서 단호하고 비장해졌다. 사람이 태어나서 한 번 죽지 두 번 죽나, 내가 죽어도 이 길은 포기 못 하겠다, 그런 각오가 생겼다.

명식이와 실랑이를 하다가 둘 다 깜빡 잠이 들었다. 단잠을 자고 있던 깊은 새벽에 아까 그 군인 청년이 뛰어들어와 다급히 말했다. "빨리 건너자." 우리는 그 한 마디에 벌떡 일어나서 길을 나섰다. 한마디 말도 없었지만 몸이 먼저 반응하는 대로 무작정 따라나선 것이다.

밤이 깊어지자 기온이 확 떨어져서 초겨울 날씨 같았다. 새벽이슬이 맺혀 걸음마다 자박자박 낮은 소리가 났다. 아무도 없는데 긴장이 심해서 숨이 막혔다. 군인은 철조망으로 데려가서 망가진 철조망을 들어 올려 그 사이로 우리를 내보내 주었다. 마침내 북한 땅에서 벗어나 출애굽의 길에 들어선 것이었다. 그때 내 나이가 43세. 처음 탈북한 지 10년 만의 재탈출이었다.

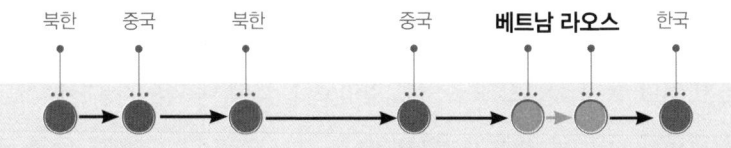

북한   중국   북한   중국   **베트남 라오스**   한국

시편 50편 15절

환난 날에 나를 부르라

내가 너를 건지리니

네가 나를 영화롭게 하리로다

5부

다시 국경을 넘어

소경 문고리 잡기

다시 한번 탈북을 결행했던 그날을 회상하며 주님의 인도하심을 생각해본다. 탈북 과정에서 몇 번의 위기 상황에 부딪혔지만 주님의 은혜로 모면할 수 있었다. 그게 아니고는 달리 설명할 길이 없다. 신앙의 자유를 찾아 떠난 내 여정이 우연히 시작된 것처럼 보여도 실은 오랜 세월 북한 땅에서 탕자처럼 살던 나를 찾아 주님이 이끄신 것이었다. 아무것도 보장되지 않는 위험천만한 어둠 속에서, 그 누구도 알지 못하는 낯선 땅에서, 나를 지키시고 먹이시고 돌보시고 인도하신 주님의 명확하고도 넘치는 은혜를 기억하며 주님의 이름을 찬양한다.

나는 명식이와 함께 경비대원이 이끄는 대로 북한 측 철조망을 통과해 마침내 북한 땅을 벗어나는 데 성공했다. 우리가 철조망을 넘어온 지점은 지정된 군인들 외에는 아무도 들어갈 수 없는 곳이었다. 조금 걸어 들어가자 발밑에서 강물이 느껴졌다. 익숙한 느낌이었다.

| 자유가 자유에게 묻다 |

몇 년 전에 탈북했을 때도 그렇게 강을 건넜다. 그때는 옷이 다 젖어서 걷기가 힘들었다. 그래서 이번에는 신발과 바지를 벗어서 명식이 배낭에 넣었다.

그 친구 손목을 붙잡고 물속으로 들어갔는데 첫 발을 내디디자마자 갑자기 땅이 훅 꺼지면서 배꼽까지 물이 차올랐다. 너무 놀라 비명을 지를 뻔했다. 한 치 앞도 내다볼 수 없는 상황이었다. 그렇지만 후회하기에는 이미 늦은 때였다. 눈을 질끈 감고 한 발짝씩 천천히 앞으로 나갔다. 생각보다 경사가 가팔라서 순식간에 머리까지 물에 잠겼다. 나는 명식이의 어깨를 필사적으로 붙잡았다. 그러자 중심을 못 잡은 명식이가 나 때문에 휘청하면서 소리를 지르며 내 손을 뿌리쳤다. 서러움과 공포가 밀려왔다. 가만히 있다간 죽을 것 같아서 부지런히 물장구를 쳤지만 거센 물살을 이길 힘이 없었다. 명식이가 "누나, 내 손 좀 잡으세요" 하는 소리를 들은 것 같은데, 어느새 목소리가 멀어졌다.

있는 힘을 다해 손발을 휘젓다가 어느 순간 몸에 힘이 탁 풀렸다. 곧 믿을 수 없을 만큼 평온해졌다. "아, 이렇게 죽는 건가." 그 순간 발밑에 돌이 느껴졌다. 발을 디디고 물 밖으로 걸어 나왔지만 손발에 힘이 풀려 젖은 옷에서 물을 짜기조차 힘겨웠다. 물살에 휩쓸려 죽는 줄 알았는데 물살이 오히려 나를 강 건너편으로 떠밀어 주었다. 구사일생이었다. 이제 중국으로 넘어가는 일만 남았다.

날은 어두웠고 기온은 뚝 떨어져서 온몸이 얼어버릴 것 같았다. 젖은 몸이 천근만근이었지만 피곤해할 겨를도 없이 우리는 중국 쪽

철조망을 향해 뛰었다. 멀리 변방대 차가 보였다. 순찰 시간이었다. 조명을 대낮처럼 환하게 밝힌 국경부근을 샅샅이 뒤지고 있었다. 명식이와 나는 땅에 납작 엎드려 숨을 죽이고 기다렸다. 다행히 변방대 차는 우리를 발견하지 못하고 다시 어둠 속으로 사라졌다.

얼마나 더 걸어 들어갔을까. 중국 측 철조망이 눈에 들어왔다. 북한 것보다 훨씬 높고 단단해 보였다. 명식이는 남자라 그런지 2미터가 넘는 철조망을 훌쩍 넘어갔다. 하지만 나는 쉽지 않았다. 철사가 살을 파고들어 여기저기 살이 찢겨 피가 났는데도 아픈 것도 모르고 철조망에서 뛰어내렸다. 마침내 중국 땅이었다.

우리는 거기서부터 하염 없이 앞만 보고 걷고 뛰었다. 문득 앞쪽에 집 몇 채가 보였다. 조금 더 다가가자 마당에 있던 개들이 인정사정없이 짖었다. 마치 "너네 누구야" 하고 소리 지르는 것 같았다. 빨리 그곳을 벗어나고 싶었지만 더는 갈 곳이 없었다. 한쪽은 철조망으로 가는 길이었고 다른 한쪽은 낭떠러지처럼 보였다. 앞쪽 과수밭 아래 불 켜진 집이 있었다.

과수밭을 헤치고 가서 그 집 문을 두드렸다. "맏아매, 맏아바이"큰엄마, 큰아버지를 부르는 연변 사투리 시골 남자가 문을 열었다. 우리는 문이 열리자마자 염치 불고하고 집 안으로 뛰어들어갔다. 그 사람은 굳이 말하지 않아도 우리가 탈북했다는 것을 알았다. 그가 마른 옷을 주면서 갈아입으라고 했다. 알고 보니 그는 명식이와 안면이 있었다. 밀수일을 같이한 적이 있다고 했다. 무작정 문을 두드렸지만 제대로 찾아왔던 것이다. 소경 문고리 잡기처럼 참 놀라운 우연이자 감사한 간증이었다.

　우리가 아궁이 앞에 앉아 몸을 녹이는 동안 그가 간단하게 밥을 차려주며 날이 밝으면 과수원에 일꾼들이 올 테니 어서 먹고 몸을 피하라고 했다. 그가 알려준 빈집은 오십 미터쯤 떨어진 곳이었다. 밥을 먹고 서둘러 그 집에 가보니 거기엔 이불도 있었다. 명식이는 피곤했는지 도착하자마자 코를 골면서 잤지만 나는 긴장이 돼서 뒤척였다.

　날이 밝자 밖에서 오토바이 소리와 사람들이 웅성이는 소리가 들렸다. 얼마 지나자 남자가 나와도 된다고 알려주며 아는 사람이 있으면 전화하라고 전화기를 빌려주었다. 나는 중국에 있을 때 일했던 곳에 전화해서 내가 다시 탈북했다는 사실을 알렸다. 그렇다고 지인들이 데리러 올 수는 없으니 어떻게든 내가 알아서 가야 했다. 명식이는 친척분에게 전화하더니 나보고 함께 가자고 했다. 하지만 이쯤에서 각자 흩어지는 것이 좋을 것 같아서 거절했다. 명식이는 곧 출발했고 나는 홀로 남았다.

　남자는 이 지역에서 빠져나가려면 보름 후에나 가능하다고 했다. 나는 아무런 준비 없이 갑작스럽게 탈북해서 그때까지 기다리는 것밖에 다른 방도가 없었다. 나는 그에게 라면과 소시지 같은 먹을 것을 얻어서 혼자 민가에서 조금 떨어진 산속 임시 움막으로 들어가 얼마 안 되는 짐을 풀었다. 허름한 공간이었지만 거기서는 적어도 사람들 눈에는 띄지 않았다.

　밤이 되자 바람이 거세졌다. 썩은 나뭇가지가 머리 위로 뚝뚝 떨어졌고 커다란 산쥐들이 움막 주위를 들락거렸다. 춥고 무서워서 잠이 오지 않았고 중국 쪽에 집이 많지 않아서인지 북한 쪽에서 개 짖는 소리가 들렸다. 북한하고는 강 하나를 사이에 두고 있는 곳이어서 조금도 긴장을 늦출 수 없었다. 중국에 온 것만으로도 심장이 벌렁거리는데 혼자서 그 긴 밤을 캄캄한 산속에서 지새우기가 너무 무섭고 고통스러웠다. 하나님을 찾지 않을 수 없었다.

그날부터 보름 정도를 움막에서 지냈다. 배가 고프면 마른 삭정이로 불을 때서 라면을 끓여 먹었다. 가끔은 근처 남의 집 텃밭에 심어 놓은 작물들을 주인 몰래 서리해서 먹었다. 목이 마르면 부근에 있는 샘에서 물을 길어 먹을 수 있었다. 움막 안에서는 낮에도 짐승이 오는지 사람이 오는지 알 길이 없었다. 그래서 나는 길이 잘 보이는 소나무 위에 올라가서 앉아 있곤 했다. 시골이라 평소에는 조용했지만 변방대 차가 다니는 소리가 하루에도 몇 번씩이나 들렸다. 거기서 지낸 보름 동안은 하루하루가 백일 같았다. 힘들 때면 예전에 즐겨 불렀던 남한노래 "바위섬"을 불렀다. '너는 내가 미워도 나는 너를 너무 사랑해.' 혼자서 부르니 더욱 구슬픈 노래가 되었지만 그래도 그 노래로 힘든 마음을 달랬다.

보름이 지나자 가을걷이를 마친 남자가 움막에 와서 내려가자고 했다. 그의 집 앞에는 아침부터 과일 상자를 실으러 온 차들이 줄지어 서 있었다. 그 사람을 따라 집 안으로 들어가려는 찰나, 국경 변방대 경찰들이 들이닥쳤다. 나는 얼른 공터에 쌓여 있던 과일 상자들 사이로 숨었다. 다행히 경찰들은 중국인들의 신분증만 일일이 검사하고 돌아갔다. 나는 남자가 시키는 대로 옷을 바꿔 입고 화장을 한 뒤에 사장 차 뒤에 앉아 있었다. 그렇게 숨어도 국경 변방대 초소에서 걸리면 그것으로 끝이었다. 감사하게도 점심 시간이어서 초소에서 무사히 다른 지역까지 갈 수 있었다.

사장 차와 과일 트럭이 멈춘 곳은 다른 도시에 있는 한 남자의 가정집이었다. 거기서 며칠간 신세를 졌는데 아들과 할머니가 있는 남의 집에 얹혀 있는 내 모습이 너무 처량했고, 가족을 남겨두고 나와서 혼자 모험에 나선 내가 너무 가여웠다. 하지만 그렇게 감상에 젖어 있을 여유 따위는 없었다. 남자는 원래 브로커 일을 하던 사람이라 내 이름과 나이 등 신상정보를 남한 브로커들과 공유하면서 내가한국으로 갈 수 있게 다리를 놓아주었다. 드디어 한국행을 도와줄 브로커와 연락이 닿았는데 그는 나에게 어디로 오라고 말했다. 그런데나는 너무 두려워서 더 이상은 낯선 땅에서 혼자 위험하게 이동하고싶지 않았다. 그래서 돈을 더 줄 테니 나를 데리러 와달라고 요청했다. 빈손으로 나왔지만 탈북민들이 남한에 입국 후에 받게 되는 지원금을 미리 당겨 쓰는, 일종의 외상거래라고 할 수 있다.

며칠 후에 남한행 브로커가 나를 찾아왔다. 그를 따라 버스를 두 번이나 갈아타며 밤새 다른 지역으로 이동했다. 이 여정은 가도 가도끝이 나지 않을 것처럼 느껴졌지만 빨리 끝나리라는 기대는 버린 지이미 오래였다. 오로지 안전한 곳까지 탈 없이 도착하기만을 바랐다. 나를 맞이한 브로커 아줌마는 북한 여자였다. 이국땅에서 동향 사람을 만나니 너무나 반가웠다. 내가 오고 나서도 몇 명이 더 왔다. 나처럼 탈북하고 월경하려는 사람들이었다. 그때 문득 함께 탈북했던 명식이 생각이 났다. 나는 너도 남한에 갈 거면 이리로 오라고 연락했다. 명식이는 바로 그다음 날 찾아왔다. 중국말도 모르는 명식이가 그 넓은 중국 땅을 가로질러 거기까지 냉큼 찾아온 것이 신기하기만 했다.

며칠 후에 여덟아홉 명 정도가 한 팀을 이루어 출발 준비를 했다. 브로커의 지시에 따라 떠날 채비를 하는데, 출발 직전 갑자기 내 건강 상태가 안 좋아졌다. 그동안 약했던 부위에 출혈이 심해서 치료를 받아야 할 상황이었다. 너무나 당황스러워서 기도밖에 나오지 않았다. 중국인 신분증도 없으니 제대로 된 치료를 받을 수도 없었다. 하지만 감사하게도 중국 작은 병원에 가서 시술을 받고 물품을 구해다가 숙소에서 링거를 맞았다.

떠날 준비를 마친 팀을 먼저 보내고 나는 다음 팀이 모이기까지 기다려야 했다. 그래도 다시 한 명 두 명 모여들어 얼마 후에 새로운 팀이 꾸려졌다. 그 팀에는 태어난 지 7개월밖에 안 된 아기도 있었다.

새로운 팀을 꾸리는 그 짧은 시간 동안 나는 참 많은 생각을 했다. 한낱 인간으로서 한 치 앞길도 알 수 없는 것이 인생이지만 나의 갈 길을 인도하시는 분은 하나님이시니 앞으로의 일정도 그분에게 맡기고 나는 그저 기도하며 그분이 하실 일을 기대하기로 했다.

천국과 지옥은 5분 거리

　남한으로 가는 팀이 새로 꾸려지기까지 열흘쯤 걸렸다. 좁은 집에 모인 사람은 아홉명이었다. 잠시 머무는 임시 거처여서 침대가 모자라 나중에 온 사람들은 그냥 바닥에서 자야 했다. 좁은 방에 9명이 복작거리다 보니 불안했다. 무엇보다 방안에서 나는 소리가 밖으로 새나가는 것이 걱정이었다. 우리 팀에는 돌도 안 된 아기와 아기엄마, 어린 남자아이까지 있었다. 아기는 때와 장소를 안 가리고 울었고 남자아이는 한창 궁금한 게 많은 나이여서 말도 많고 불평도 많았다. 출발 전부터 이 팀이 과연 무사히 남한행에 성공할 수 있을지 걱정스러웠다. 이제나저제나 하며 출발만을 기다리는데, 브로커가 출발 준비를 하라고 공지했다.

　짐은 최대한 적게 가져가라고 해서 나는 세면도구와 옷가지 몇 개만 챙겼다. 나중에 진이 빠지도록 이동을 하면서 브로커 말 듣기를 잘했다는 생각을 했다. 처음에는 2층버스를 탔다. 출발할 때 멀미약을 챙긴 것이 큰 도움이 되었다. 2층 버스를 타고 한참을 이동한 후 고속도로 중간쯤에서 내렸다. 어느새 깊은 밤이었다. 고속도로 옆 땅은 밑으로 깎여 있었다. 그 아래 허리까지 오는 작은 나무들이 있었는데 브로커가 우리에게 나무 사이에 숨어 있으라고 지시했다. 그러면서 중국말로 걱정하지 말라고, 꼭 성공할 거라고 안심시킨 뒤에 그 자리를 떠났다. 우리는 차들이 왔다 갔다 하는 고속도로 밑에 숨어서 그다음 차를 기다렸다. 얼마 지나지 않아 9인승 승합차가 우리를 태웠다.

중국에서는 겨울옷을 입고 출발했는데 그다음에 도착한 국경 지역은 날씨가 아예 달라서 여름옷을 입어야 했다. 한밤중에 9인승 승합차에서 내리자 판잣집이 있었다. 우리는 모두 약속이라도 한 듯이 그 집에 아무렇게나 드러누웠다. 나는 어린 아기를 데리고 있는 아기엄마가 뒤처지지 않도록 우리 일행의 가장 앞에 세워서 가자고 제안했고 모두 찬성했다. 그러다가 어느새 다들 곤히 잠이 들었다.

"일어나라! 빨리 나오라!" 별안간 브로커가 거친 중국 사투리로 황급히 우리를 깨웠다. 모두 소스라치듯이 벌떡 일어나 그의 뒤를 따라갔다. 뭉쳐 있지 말고 5미터 정도 떨어져서 나오라는 말에 행여 앞사람을 놓칠세라 집중하면서 거리를 두고 걸었다. 어느새 부둣가에 다다랐는데 그제야 누군가 빠졌다는 것을 깨달았다. 바로 아기엄마와 아기였다. 좀 전에 가장 앞에 세우자고 했던 합의가 무색하게도 우리끼리 정신없이 와 버렸던 것이다. 다행히 우리가 탈 보트가 오기 전에 아기엄마가 도착했다. 말이 안 통하는데도 동네 현지인들이 아기엄마에게 어디로 가라고 방향을 일러주더라고 했다. 아기를 업고 헐레벌떡 뛰어오는 모습에 미안도 하고 안쓰럽기도 하고 다행이다 싶기도 했다.

우리 일행은 탐조등을 피해서 부둣가 철조망 벽쪽에 서 있었고, 아기엄마는 다른 쪽에 서 있었다. 경찰차 여러 대가 이리저리 오갔고 탐조등이 쉴 새 없이 훑고 지나갔다. 보트는 언제 올지 기약도 없고, 하염없이 기다리는 동안 나는 심장이 쪼그라드는 것 같았다. 그때 갑자기 탐조등이 아기엄마가 두르고 있던 분홍색 아기 띠를 비추었다. 발각될 위기였다. 아기엄마는 확 엎드려 몸을 낮춘 후 우리 쪽으로 데굴데굴 굴렀다. 그 바람에 업고 있던 아기가 엄마 무게에 눌려 빽 하고 울음을 터뜨렸다. 나는 순간적으로 한 손으로는 아기 입을 틀어막고, 다른 한 손으로는 아기엄마의 덜미를 붙들고 십여 미터를 뛰어서 어둠 속으로 몸을 숨겼다. 우는 아기에게 서둘러 젖을 물렸다. 아기는 탐조등이 왔다 갔다 하는 것을 보면서 울음을 그쳤다.

한숨 돌리는가 했는데 공안 차 한 대가 우리를 향해 다가오는 것이 보였다. 이제 죽었구나 싶었는데 바로 그때, 거짓말처럼 보트가 도착했다. 우리는 거의 특공대 훈련하듯 가파른 부두를 초인적인 힘을 발휘해 하나둘씩 뛰어내렸다. 공안 차는 다가오고 보트 기사는 출발할 생각을 안 해서 우리가 그의 바짓가랑이를 붙들고 재촉했다. 배는 겨우 5분 만에 베트남 국경에 닿았다. 멀고도 가까운 5분 거리였다. 벼랑같이 깎아 지른 듯한 낭떠러지에 길이 있었고 길 위에는 오토바이 행렬이 늘어서 있었다. 오토바이는 한 대당 두 명씩을 태워서 분주히 어딘가로 달려갔다. 우리는 깊은 새벽에 어느 브로커 집에 도착했고, 거기서 잠깐이나마 쪽잠을 잤다. 지금도 그때 부둣가에서 벌어진 상황을 생각하면 소름이 끼친다. 잡히면 곧바로 죽음이 기다리는, 초긴장의 순간들이었다.

베트남에 도착했을 때 현지 분위기는 살벌했다. 당시는 중국 불매 운동이 일어나 중국인 편의점이나 마트를 부수는 시위가 잦아서 들키지 않게 조심해야 했다. 그날은 해가 중천에 뜰 때까지 아무런 이동 지시가 없었다. 밥도 주지 않아 우리는 지치고 배고픈 상황을 그저 불안한 마음으로 견뎌야 했다. 오후가 돼서 다른 브로커가 왔고, 우리는 손짓 발짓으로 배고프다는 표시를 했다. 그제야 그가 원래 있던 브로커를 야단치면서 밥을 내주었다. 우리는 허겁지겁 주린 배를 채웠다. 간신히 숨을 돌리고 저녁 시간이 되었을 때 내가 먼저 아기 엄마에게 혼자 두고 와 버려서 미안하다며 말문을 텄고 모두들 아기 엄마에게 사과했다. 서로 일면식도 없는 남이었지만 우리가 생사를 함께하는 한 팀이라는 생각이 들었다.

다시 이동할 시간이 왔다. 베트남 출신 브로커가 네 명, 다섯 명으로 조를 가르고 마스크를 나눠주며 각기 다른 버스에 태웠다. 나는 초등학교 저학년처럼 보이는 어린 남자아이와 같은 조가 되었는데, 그 아이가 자꾸 엄마에게 불편하다고 생떼를 부렸다. 보다 못한 내가 나서서 여기서는 벙어리처럼 얌전히 있어야 한다고 야단을 쳤다. 버스를 타고 가는 길에 검열이 있었는데 우리는 마스크를 쓰고 자는 척했다. 버스가 새벽에 인적 없는 마을의 어느 길가에 멈춰 섰고, 우리는 버스에서 내려 한 음식점에 들어가서 다른 조가 오기를 기다렸다. 브로커는 뭐라도 먹어두라고 권했지만, 차를 타고 오랜 시간 이동하느라 멀미와 두통에 시달린 데다 베트남 음식 특유의 향신료 냄새가 역하게 느껴져서 아무것도 먹지 못했다. 게다가 언제 어떤 일을 당하게 될지 안심할 수 없어서 날이 밝을 때까지 뜬눈으로 지새웠다.

두 번째 조가 버스터미널에 도착했다는 소식이 왔고 우리 조도 오토바이를 타고 가서 그들과 합류했다. 우리 아홉 명은 다시 버스를 타고 라오스 국경으로 향했다. 꼬박 하루를 갔다. 도착할 때쯤 창밖을 내다보니 여기저기 크고 작은 불상들이 세워져 있었는데 그들이 믿는 신을 보자 내가 믿는 하나님이 떠올랐다.

다시 12인승 차로 갈아 탔는데 의자가 몇 개 없어서 대부분은 누워서 갔다. 여자 브로커 한 명과 남자 브로커 한 명이 우리를 인계받았는데 그들도 키가 작고 얼굴이 새카매서 왠지 모를 동질감을 느꼈다. 울퉁불퉁한 비포장도로를 차로 오래 이동하느라 불편했는지 아기가 참았던 울음을 터뜨렸다. 아기엄마가 기저귀를 벗겨주었는데 아이가 그만 엄마 배 위에다 오줌을 쌌다. 아기 엄마는 아랑곳하지 않고 견뎠다.

얼마쯤 더 가서 우리는 차에서 내려 산길을 걸어 올라갔다. 길이 엄청나게 가파른 데다 길가에 덩굴이 즐비했는데 덩굴을 떼어내려다 살점까지 떨어져서 아팠다. 북한에서 온갖 힘든 일들을 겪으며 살아온 사람들은 그 후덥지근하고 험한 길도 잘만 따라갔는데 중국에서 오래 생활해온 사람들은 얼굴까지 빨개져서 겨우겨우 따라갔다.

그렇게 숲을 헤치고 몇 시간쯤 걷다 보니 어느덧 라오스 국경이었다. 산을 타는 내내 아기가 울었고 첩첩산중에 울리는 아이 울음소리는 유난히 크게 메아리쳤다. 난처해진 아기 엄마가 보채는 아기를 달래려고 젖도 물리고 부채질도 해주었지만, 아기는 울음을 그치지 않았다. 참다못한 브로커가 아기 엄마에게 화를 내면서 버리고 가겠다고 으름장을 놓았다. 상황이 그만큼 위험했다.

그런 위험천만하고 금방이라도 터질 것 같은 긴장감 속에서 나는 그 가파른 산도 누군가 먼저 개척했기에 우리가 뒤따라갈 수 있는 거라고 생각하니 고마웠다. 힘들어도 그 길만이 생명의 길이라고 생각하면서 한 발 한 발 가다 보니 어느덧 끝날 것 같지 않았던 길이 끝이 났고, 차들이 기다리고 있었다. 산을 넘어오느라 다들 진이 빠져 있었지만 우리는 다시 큰 웅덩이를 뛰어넘어 승합차에 올랐다. 앉을 자리가 없어서 또 누워서 가야 했지만 우리를 맞이한 브로커가 라오스에 무사히 도착한 것을 축하해주고 이제부터는 긴장할 필요 없다고 안심시켜주니 마음이 놓였다. 라오스에 들어서자마자 한국 음식을 먹었다. 그동안 이국땅에서 갖은 고생을 하며 끼니 한 번 제대로 챙겨 먹지 못했는데 그 여정의 끝에서 드디어 마주한 고향 음식이 그렇게 반가울 수가 없었다. 나는 김치볶음밥을 먹었는데 그야말로 '별맛'이었다.

간만에 식사다운 식사를 마친 뒤에 우리는 허름한 모텔 같은 곳으로 갔다. 거기서 한숨 자고 라오스의 수도로 이동할 거라고 했다. 마침내 마지막 이동이라고 생각하니 피곤한데도 잠이 오지 않았다. 새벽녘에 경찰복을 입은 라오스 브로커가 와서 우리를 버스에 태웠다. 대여섯 시간을 달려 종점에 도착했을 때는 이미 한낮이었다. 9인승 승합차로 갈아탔는데 버스 기사님이 한국 사람이었다! 그동안 고생하셨다면서 한국말로 위로 하는 순간, 갑자기 눈물이 핑 돌았다.

우리는 다시 몇 시간을 이동해서 어떤 브로커의 집에서 내렸다. 브로커는 이제 거의 다 왔다면서 한국식 김치와 밥, 된장국을 내왔다. 우리는 거기서 씻고 잠시 쉴 수 있었다. 한두 명은 대표로 나가서 여름옷과 슬리퍼를 사 왔다. 새 옷으로 갈아입고 새 신발을 신었더니 기분이 묘했다.

그날 저녁 우리는 드디어 그 여정의 최종 목적지인 라오스 한국대사관으로 출발했다. 마지막으로 우리를 맡았던 브로커는 대한민국 대사관 주변에 북한 대사관이 있으니 특별히 조심해야 한다고 당부했다. 우리는 천천히 한 사람씩 내려서 조심조심 주변을 살피면서 걸어갔다. 이제 내 차례였다. 그 짧은 거리를 걷는 두 발에 내 삶의 무게가 다 실린 것처럼 무거웠다. 자유를 찾아 국경을 넘고 넘어 라오스 대사관을 향하는 마지막 걸음걸음은 너무 펄떡거려 당장이라도 떨어질 것 같은 심장을 두 손으로 움켜 쥔 것처럼 아슬아슬했다. 두 눈에선 줄줄 눈물이 났다.

마침내 대사관 울타리 안쪽으로 발을 들여놓았다. 나를 기다리던 한국인 선생들이 따뜻한 눈빛으로 우리를 환대했다. 마치 천국에서 천사들이 맞아주는 기분이었다. 대사관 담 하나를 사이에 두고, 안과 밖이 천국과 지옥처럼 완전히 다른 세상이었다. "아, 이제 끝난 건가!" 드디어 끝이 났다는 걸 깨닫는 순간, 거기까지 나를 인도해주신 하나님께 감사해서 눈물이 하염없이 흘러내렸다. "대한민국 만세,

지상 천국 만세!" 대사관에 들어서자마자 터져 나온 내 고백은 "지상에도 이런 천국이 있는가!"였다.

대사관에서는 넓은 방에서 지냈다. 에어컨 시설은 기본이었고, 밤에 기온이 내려가면 전기장판도 제공해주었다. 훌라후프나 배드민턴 등 각종 스포츠도 라오스 대사관에서 배웠다. 나름대로 운동신경이 있다고 자부했던 나는 웬만한 20대 친구들에게도 지지 않았다. 한 달 조금 넘는 동안 거기서 지내면서 나는 몸무게가 무려 5킬로나 늘었다. 매일같이 맘껏 쉴 수 있었고, 보고 싶은 드라마도 실컷 볼 수 있었다. 너무 좋아서 자다 말고 일어나서도 "나는 천국에 왔다!"는 고백이 절로 나왔다.

우리 팀 9명 모두 안전하게 대사관에 도착했다. 우리가 도착했을 때 대사관에는 이미 서른 명 정도가 들어와 있었다. 모두들 생전 처음 보는 우리를 반겨주었다. 동병상련이 이런 것이구나 싶었다. 우리는 하루에 두 명씩 식사 당번을 정해 밥을 해 먹었다. 북한사람들끼리 모여서 고향 음식을 해먹은 셈이었다. 대사관에서 지낸 그 얼마간이 내겐 너무나 귀한 휴식과 치유의 시간이었다. 그동안 겪었던 고난의 기억들이 그때만큼은 다 잊힌 것 같았다.

무엇보다 다시 예배를 드릴 수 있다는 사실에 감회가 새로웠다. 일요일이 되자 먼저 와 있던 팀에서 주일 예배를 드렸다. 나도 참석하고 싶다고 했더니 흔쾌히 초대해주었다. 중국 교회에 다닐 때 빼고는 그렇게 예배를 드리는 게 처음이었다. 나는 그 감동의 순간을 놓치고 싶지 않아서 대표기도를 자원했다. 그때 썼던 일기에 적어 둔 대표기도

문을 아직도 가지고 있다. 여기까지 인도해주신 주님께 감사하며, 내가 그랬던 것처럼 중국이나 북한에서 고생하고 있는 다른 영혼들을 구원해달라는 기도였다. 정말 간절하게 기도했고, 기도하면서 참 많이 울었다. 찬양을 부르면서도 오열하듯 꺼이꺼이 울었다. "나 같은 죄인 살리신 그 은혜 놀라워"하는 찬양 가사가 기억에 남는다.

나는 대사관에서 치킨을 처음 먹어보았다. 대사관 직원들에게 선생님이라고 불렀는데, 그 선생님들이 그 더운 날 땀을 뻘뻘 흘려가며 치킨을 사다 주었다. 맛도 맛이었지만 누군가 우리를 위해 음식을 사러 다녀왔다는 것에 큰 감동을 느꼈다. 우리는 치킨을 뜯으면서 그 새로운 맛에 감탄해서 호들갑을 떨었다. 나는 "김정은이 이 소식을 들어야 한다. 김정은의 자식들이 여기 와서 대접받고 호강하는구나"라며 농담 반, 진담 반으로 우스갯소리를 했다. 대사관에서는 원래 정숙해야 했는데 그날 우리가 처음으로 치킨을 맛보고 흥겨워서 시끄럽게 춤을 추고 노래를 불렀는데도 선생님들이 웬일인지 별말씀을 안 하셨다. 멀고도 험한 광야를 헤쳐 나와서 얻어낸 선물 같은 시간이었다. 우리는 그곳에서 처지가 같은 사람들끼리 함께 웃고 울면서 마음을 많이 회복할 수 있었다.

대사관에 도착한 지 한 달하고도 일주일이 되었을 때 드디어 한국행 절차가 마무리되었다. 한국으로 출발하기 직전에 한국에서 보내온 겨울용 새 옷을 나누어주었다. 우리는 깜깜한 밤에 대사관 직원 몇 명과 함께 공항으로 이동했다. 난생처음 타보는 비행기였다.

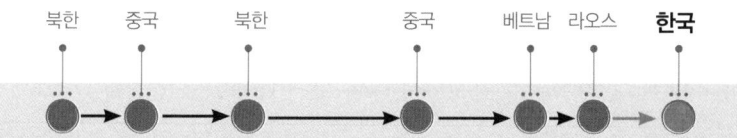

북한　중국　북한　중국　베트남　라오스　**한국**

로마서 8장 28절

우리가 알거니와 하나님을 사랑하는 자
곧 그의 뜻대로 부르심을 입은 자들에게는
모든 것이 합력하며 선을 이루느니라

후각 상실자의 우려

내가 찾은 자유

 4시간 정도 걸렸던 것 같다. 잠깐 잔 것 같은데 일어나 보니 인천 공항에 도착해 있었다. 그토록 애타게 찾아온 자유 대한민국, 공기부터 달랐다. 가슴 깊이 숨을 들이마시는데 모든 억압으로부터 풀려나는 해방감 같은 묘한 설렘이 몰려왔다.

 우리는 선생님들의 지시에 따라 정장 입은 남자들을 만났다. 우리를 맞이한 그들을 따라 버스에 탔고, 가장 먼저 도착한 곳은 병원이었다. 병원에서 받은 건강검진에서 나도 몰랐던 결핵이 발견되었다. 나는 큰 충격에 휩싸였다. 그 당시엔 결핵에 걸리면 죽는 줄 알았기 때문이다. 국정원으로 옮겨 1인실에 격리되었는데 도착하자마자 직원들에게 울면서 '왜 나는 탈북하고도 이런 병에 걸려서 죽는 날을 기다려야 하는지 모르겠다.'고 하소연했다. 다들 결핵은 치료하면 깨끗이 나을 수 있는 병이라고 위로해주었다. 그 말을 듣고 나니 안심이 됐지만, 그 고생을 하며 사선을 뚫고 자유 대한민국에 왔는데 다른 사람들처럼 맘대로 활동도 못 하고 혼자 격리되었다는 사실이 너무 서럽고 외로웠다. 내가 지냈던 1인실 바깥 복도에는 책이 어마어마하게 많았고 하루 세 끼 꼬박꼬박 따뜻한 밥과 반찬이 나왔다. 내 인생에 이런 호사를 누린 적이 있었던가, 그런데도 행복하지 않았고 힘들기만 했다.

몇 주 동안의 치료를 마치고, 여러 가지 조사가 끝나자 하나원 동기들과 합류할 수 있었다. 하나원에 도착하자마자, 중국말밖에 모르는 어린 남자아이의 임시보호자 역할을 자원했다. 같은 방에서 지내면서 돌봐주고 숙제를 도와주는 일이었는데 은근히 할 일이 많았다. 옷도 빨아 입히고 남들 자는 시간에 깨서 공부도 도와줘야 해서 여간 피곤한 일이 아니었다. 나도 나지만 그 아이를 보는데 어찌나 불쌍한지, 북에 두고 온 아이들 생각이 자꾸 나서 마음이 복잡했다. 우리 아이들도, 내 앞에 있는 이 아이도 분단이 아니면 겪지 않아도 될 고통을 겪고 있다고 생각했다. 세상에 이런 나라가 여기 말고 또 있을까. 가슴 아픈 걸 넘어 알 수 없는 분노가 쓴 물처럼 올라오는 걸 억지로 참아 내렸다.

하나원 프로그램은 주로 한국 생활에 적응하기 위한 것들이었다. 원하는 종교를 선택할 수 있었는데 기독교를 선택하는 사람들이 눈에 띄게 많았다. 탈북 과정에서 성경공부를 도와주는 선교사님들과 연결되는 경우가 많아서 그런 것 같았다.

주일마다 큰 교회에서 하나원으로 봉사를 나와 좋은 간증이나 말씀을 들려주었다. 음식도 함께 나누었는데 내가 좋아하는 마른오징

어를 가져온 날은 정말 기분이 좋았다. 그 교회 팀은 우리가 찾고 싶은 사람을 설명하면 그 사람의 주소나 전화번호를 알아봐 주기도 했다. 덕분에 나는 중국에서 북송되기 직전에 일했던 회사의 사장님과 연락이 닿았다. 나를 북송시키지 않으려고 이리저리 뛰어다니며 얼마나 애를 써주셨는지 모른다. 대한민국 사람들에 대하여 따뜻한 마음을 갖게 해주신 분이라 그런지 너무나 반갑고 놀랍고 감사해서 만감이 교차했다.

동기들한테 잘 보였는지 하나원 교회에서 기독교 도우미로 뽑혔다. 총무 추천으로 목사님께서 부족한 나를 선택해 주셨다. 하나님 일 하는데 뽑혔다는 것이 마냥 좋았다. 기독교 도우미가 하는 일은 하나원 안에서 예수님 믿는 사람들을 관리하고, 예배 시작 전에 찬양 음악 틀어놓고 찬양을 인도하며, 토요일마다 못 오시는 목사님을 대신해서 성경을 읽고 찬양을 부르고 기도하는 역할이었다. 북한에서는 주님 소리 한 번 제대로 부르지 못했는데 이곳에서는 마음껏 주님을 부를 수 있어서 너무나 행복했다. 남한 사람들은 얼마나 복 받은 사람들인가! 아무 때나 예수님을 부를 수 있고, 아무 때나 찬양할 수 있으니 말이다.

내가 책임을 맡은 이후 찬양과 율동 연습이 아주 잘 된다며 목사님께서 감탄하셨던 기억이 난다. 하나님께서 주신 열심의 은사를 잘 쓰면서 뽐낼 기회도 잡은 것 같아 뿌듯했다.

행복도 잠시, 마음에 힘든 일이 생기고 말았다. 북한 교화소에서 나에게 총구를 겨누던 북한 초병을 만난 것이다. 그때는 군인과 죄수라는 관계로 있었기에 내가 도주하면 그 초병이 내 목숨을 앗아도 되는 위치였다. 그런데 하나원에서 같은 기수로 만나다니! 군인들한 테 사람 취급도 못 받고 혹독하게 당한 기억이 떠올라 몸이 부르르 떨렸다. 지금도 가끔 북한 교화소 생각이 나면 위경련이 일어나 속이 굳어 버리곤 한다. 그 친구와 딱 마주쳤을 때는 복잡한 감정이 일어 났다. 하나원에서 그저 같은 인간 대 인간으로 만나다니, 참 감정이 미묘했다. 북한 교화소에서 그 친구가 한 짓을 생각하면 나는 탈북해도 되지만 그 친구는 더 벌을 받아야 할 것 같은 그런 이상한 기분이 었다.

"야, 너 교화소에서 초병 하지 않았어?" 내가 당당하게 물었다. 그 친구는 내 질문을 받고 쑥스러워하더니 그 뒤로는 나를 피해 다녔다. 그리고 그 친구가 교화소에서 초병이었다는 소문이 하나원에 퍼지 면서 다른 사람들까지 멀리하기 시작했다. 그 친구는 예쁘장하고 내 성적이었다. 그래서 그랬는지 점점 위축되어갔다. 하나님을 믿지 않 았다면 나도 그 친구를 용서하지 못했을 것이다. 그러나 하나님 안에 서 따뜻한 사랑과 용납을 경험한 뒤로 그 친구를 용서할 마음이 생 겼다. 그저 군 복무를 했을 뿐이지 그게 그 친구의 잘못은 아니라는 생각이 들었기 때문이다.

언제까지 서로 피해 다닐 수는 없었다. 어느 날 내가 먼저 그 친구 에게 다가가서, 기독교 도우미를 함께 해 보지 않겠냐고 제안했다. 그러자 그 친구는 자기도 중국에서 어느 선교사님한테 성경을 배웠 고, 예수님을 영접했다며 선뜻 내 제안을 받아들였다. 그 뒤로 우리는 토요일마다 함께 찬양 연습을 하며 시간을 보냈다. 그 친구는 노래도 잘했고 기타 연주도 잘했다. 기독교 도우미가 된 뒤부터 활발히 생활하는 그 친구를 보면서 얼마나 뿌듯했는지 모른다. 하나님 마음도 이런 마음일 것 같았다. 나의 인간적인 용서가 아닌 하나님을 통해서 하게 된 용서는 사람을 살리는 일이라는 것을 그 친구를 보며 알게 되었다.

밖에 나갈 수는 없었어도 하나원에서 나에게 주어진 아주 작은 자유가 예수님의 사랑을 통해 북한 사람들과 새로운 관계를 형성할 수 있는 부드러운 마음을 품게 했다.

2015년 5월, 3개월간의 하나원 생활을 마치고 퇴소를 앞둔 어느 날, 몇 년 전 중국으로 팔려갔던 때가 생각났다. 맨몸으로 산골에 사는 지능이 낮은 남자에게 팔려갔고, 도저히 견딜 수가 없어서 그 집을 탈출했다가 들키는 바람에 나무에 걸린 채로 얻어맞아 죽을 뻔했었다. 그런데 하나님이 도우셔서 간신히 탈출했고, 조선족 집사님의 도움으로 교회라는 곳에 처음으로 발을 들였고, 지금까지 가까스로 살아올 수 있었다.

하지만 하나원을 퇴소할 때는 시작부터가 달랐다. 이불이며 전자레인지, 전기밥솥 같은 기본 생활가전이 갖춰진 아파트에서 살게 되었고 정부에서 지원금도 나왔다. 없던 냉장고가 생긴다니 생각만 해도 배가 불러 "할렐루야!" 소리가 절로 나왔다.

나는 국정원 조사 과정 중 알게 된 동향 출신 언니의 아파트 근처로 배정을 받았다. 보통 탈북민이 처음 국정원에 가면 기본적인 신상

정보 조사를 하는데 그 정보의 진위를 교차 확인하기 위해 같은 고향 출신이나 동일 배경의 인물들을 연결해서 파악한다. 나도 그 과정에서 고향 언니를 만날 수 있었다. 또 민간단체에서도 도우미를 파견해 내가 혼자서도 잘 정착할 수 있도록 도와주었다. 그런 여러 지원과 도움을 받으며 나의 한국 생활이 시작되었다.

드디어 내 집으로 가는 날, 정말 가슴이 벅찼다. 하나원에서의 자유도 좋았지만, 세계 어디든지 갈 수 있는 자유는 내 가슴을 뛰게 했다. 하지만 한편으로는 일가친척 하나 없는 남한에서 내 힘으로 살아내야 한다는 사실을 생각하면 막막하기도 했다. 감사하게도 집에 도착하자마자 정착 도우미들이 나를 반겨주었다. 동향 출신 언니와 형부도 저녁 식사에 초대해주었다. 하나원에서 지원한 각종 기계 사용법, 더운물 트는 법 등 기본적인 생활 정보에 관한 설명을 듣고 나니 이제 정말 스스로 살아내야 하는구나 싶어서 설레기도 하고 긴장도 되었다.

그런데 어느 날 내게 우울증이 찾아왔다. 사람들과 함께 있을 때는 괜찮은데 혼자 집에 들어갈 때면 마음 한 편이 무거웠다. 전기밥솥으로 갓 지은 따뜻한 밥을 먹을 때면 더 그랬다. 더운물로 목욕을 하고 시장에서 먹고 싶은 것도 다 사 먹을 수 있었지만, 의욕이 없었다. 내 눈에 화려한 것이 보이면 보일수록 북에 두고 온 자식 생각이 떠올라 미칠 것만 같았다.

처음엔 우울증이었는지도 몰랐다. 하루하루 지나면서 나는 아침에 눈을 떠도 세수는커녕 온종일 아무것도 하지 않고 가만히 누워만 있었다. 그냥 무기력했다. 그토록 갈망했던 대한민국에서의 짜릿한 자유의 기쁨 같은 건 한낱 휴지 쪼가리처럼 허망했고 굶겨 죽이지 않겠다는 마음으로 생살 찢듯 떼 놓고 온 아이들만 보고 싶을 뿐이었다. 남편과 자식을 저세상에 먼저 보내고 혼자 살면서 딸이 돌아오기만 기다리고 있을 엄마를 생각하니 가슴이 더 찢어졌다.

탈북민들이 하나원에서 금방 나왔을 때는 꼭 풀어놓은 송아지 같다. 그렇게 오고 싶었던 대한민국에 왔는데 어디든 가서 구경하고 싶지 않겠는가. 라오스 대사관과 하나원에서 친하게 지냈던 탈북인 친구들은 퇴소하자마자 신나게 이곳저곳을 다녔지만, 난 그럴 의욕이 없었다. 사람 만나는 게 싫었다. 나 혼자 이렇게 행복하면 안 될 것 같았다. 중국에서 고생하며 살아갈 때는 자식 생각만 하면 힘이 났는데, 이곳에서는 멍하니 천정만 보고 누워 있었다. 만사가 의미 없다는 생각만 들었다. 그래도 중국에서는 아이들이 중국으로 오면 만날 수 있을 거라는 희망이 있었는데, 대한민국은 북한과 가장 먼 나라이니 아이들이 올 만한 가능성이 거의 없다는 것을 조금씩 알아 가면서 힘이 빠지기 시작했다.

아무리 둘러보고 아무리 소리쳐 불러 봐도 만날 수 없는 내 아이들, 예쁘고 곱디고운 그릇에 흰 눈보다 더 예쁜 흰 쌀밥 한 그릇 담아 따뜻하게 먹이고 싶었다. 먹는 것만 봐도 배가 부르다는 말도 해 주고 싶었다. 이리 봐도 저리 봐도 다른 집에서는 매일 일어나는 평범한 일상인데 나에게는 그 모든 일상이 사라지고 없었다. 그 상실을 받아들여야 한다는 사실이 죽을 만큼 힘들었다.

극단의 외로움 속에서 헤매고 있을 때 끝까지 나를 지켜준 분들이 바로 교회 분들이었다. 하루가 멀다고 찾아와 나를 밖으로 데리고 나가려 하고, 예배에 참석시키려고 애를 쓰셨다. 처음엔 그분들의 친절이 부담스러워서 멀리했는데 그동안 지켜주신 하나님 은혜를 생각하니 더는 멀리할 수가 없었다. 또 하나원 친구들과 고향 언니도 나를 챙겨주며 바깥 활동을 할 수 있게 도와주었다. 자식에 대한 죄책감, 나만 기다리고 있는 엄마에 대한 애절함, 갈라진 나라에 대한 분통함, 이런 감정들로 우울했는데 감사하게도 하나님이 보내 주신 사람들의 도움으로 현실에 적응하기 시작하면서 조금씩 벗어날 수 있었다.

나를 찾아 떠나는 여행

　우울증에서 조금씩 벗어나고부터 다양한 것들을 배우기 시작했다. 그러면서 다시금 활발한 내 원래 성격을 되찾았고 사람들과 새로 사귀는 것이 즐거워졌다. 당시 아산시청에서 하는 컴퓨터 교실에서 난생처음 컴퓨터라는 신문물을 접했다. 세상이 이렇게 발전해 가는데 우리 아이들이 사는 북한 땅은 얼마나 더디게 가는지를 생각하면 나도 모르게 한숨이 나왔다. 물론 북한에서도 신문물을 받아들인 사람들도 있겠지만 대한민국의 발전 속도는 따라갈 수 없을 것이다.

　빠르게 변화하는 세상에 적응하려고 열의를 가지고 컴퓨터를 배우던 중에 하나원에서 만나게 해 준 중국 회사 부장님과 연락이 닿았다. 컴퓨터를 배운다는 이야기를 했더니 바로 회사에서 안 쓰는 컴퓨터를 가져다가 설치해 주셨다. 중국에서 공안에게 붙들려 북송될 때 나와 함께 공안 차에 타고 끝까지 배웅해주셨던 분이다. 북송될 때는 부장님을 다시 만날 수 있을까 싶었는데 대한민국에 와서 정착하는 것까지 도와주시다니, 정말 하나님의 신비한 인도가 맞는 것 같았다.

이것저것 배우러 다니면서도 나는 열심히 일자리를 찾았다. 정착 생활 첫 6개월 동안은 지원금이 나오는데 그다음부터는 경제적으로 자립해야 했기 때문이다. 마침 하나원에서 친했던 언니에게서 연락이 왔다. 부천 지역자활센터에서 재봉 일을 하고 있는데 같이 하면 어떻겠냐고. 망설일 것도 없이 부천으로 이사를 했다. 언니도 믿을 만했지만, 재봉은 평생 일할 수 있는 기술이기 때문에 굶지는 않을 것이라는 확신이 섰기 때문이었다. 다만, 그때 갑자기 부천으로 옮기는 바람에 컴퓨터를 끝까지 배우지 못한 것이 살짝 후회되기도 한다.

지역자활센터에 가자마자 간단한 재봉 일부터 배웠다. 기왕 배우는 거 제대로 배우고 싶다고 센터에 이야기했더니, 남북하나재단 후원금을 받게 해 주었다. 바로 일주일에 두 번씩 재봉 전문학원에 다니기 시작했다. 대한민국 학원은 정말 훌륭한 것 같다. 얼마 안 가서 재봉 기술이 손에서 새처럼 가볍게 익숙해졌다. 대한민국에서 첫발을 떼는데 이 정도 기술은 있어야지! 자신감을 가지고 지역자활센터에서 본격적으로 재봉 일을 시작했다. 그곳에서는 탈북민 세 명과 남한 사람 여럿이 함께 일했다. 북에서 온 우리는 쉬지도 않고 점심시간도 없이 온종일 일을 하는데, 남한 사람들은 점심시간, 휴식시간 다 지켜가면서 일을 했다. 우리가 보기에 남한 사람들이 '깨당꾀을 부리는' 것 같아서 눈이 시렸다.눈꼴사나웠다 그러거나 말거나 나는 내 일을 열심히 했다. 다른 사람보다 빨리 아주 꼼꼼하게 물건을 만들어

내서 인정받기 시작했다.

　그렇게 남북 사람이 함께 만든 수공예품은 지역축제 같은 다양한 행사장에서 판매할 수 있었다. 나는 여기저기 뛰어다니며 열심히 팔았고, 팔리는 것에 성취감을 느껴서 더 신나게 일했다. 어디서 그런 힘이 났는지 야근을 밥 먹듯 했고 주말에도 혼자 나와서 일을 했다. 북에 두고 온 아이들만 생각하면 더한 일도 하고 싶었다.

　열심히 사는 내 모습을 많은 분이 좋게 보셔서 부천 지역 청소년 진로직업체험 강사로 활동할 기회를 얻었다. 학생들에게 사회적 기업이나 협동조합 등 다양한 자활기업에 대해 알려주고 진로 직업 체험 활동을 지도하는 일이었다. 나는 학생들을 본다는 자체가 너무 좋았다. 아들 생각이 나서 그런지 정말 진심으로 열심히 가르쳤다. 그 마음이 통했는지 매번 오는 아이들도 나를 좋아했다.

　대한민국에 와서 내가 하고 싶었던 일 중 하나가 바로 학생들에게 통일에 대해 가르치는 통일 강사였다. 북한에도 남한과 똑같은 아이들이 살고 있고, 그들도 남한의 아이들을 너무 보고 싶을 것이라고 말해주고 싶었다. 그래서 우리는 통일을 꼭 해야 한다고 가르치는, 그런 통일 강사 말이다. 그런데 내가 정말 푸릇푸릇한 학생들을 가르치고 있다니! 아이들 앞에 서 있는 것만으로도 그 꿈을 이룬 것 같아 가슴이 벅찼다. 나중에 꼭 학생들에게 통일에 대해 가르치는 통일 강사가 될 것을 소망하고 또 소망해 본다.

　일을 배우고, 그 일을 통해 번 돈으로 먹고 싶은 것을 사 먹고, 남도 돕고, 보내고 싶은 곳에 돈도 보내고, 취미 생활도 마음대로 할 수 있다는 게 가슴을 뛰게 했다. 많든 적든 돈을 벌 수 있는 자유, 내 마음대로 돈을 쓸 수 있는 자유! 천국이 따로 없었다.

대한민국에서 첫발을 떼고 정신없이 살아가던 2016년 봄 어느 날, 하나원 동기한테 한국은 평생 공부를 하는 곳이라며 머리 잘 돌아가고 한 살이라도 젊었을 때 부지런히 공부해야 한다는 소리를 들었다. 목소리 높여 강조하는 동기 덕분에 나도 '공부 한번 해볼까?' 하는 도전의식이 생겼다. 북한에서는 공부를 많이 못 했다. 그래서 그런지 나도 모르게 대학공부에 대한 열망이 일어났다.

모처럼 여름휴가를 보내면서 대학을 갈까 고민했다. 돈도 벌어야 하니 직장을 다니면서 공부를 해야 하는데 가방끈도 짧은 내가 두 가지 일을 해낼 수 있을까 고민이 됐다. 그러는 중에 갑자기 가슴이 답답하고 심장을 바늘로 찌르는 것 같은 통증이 오더니 방바닥에서 일어날 수가 없었다. 그 길로 응급실로 실려 가서 검사, 검사, 검사…. 많은 검사를 받고 나서 스트레스성 심장 협심증이라는 진단을 받았다. 대한민국에 오자마자 결핵에 걸려 치료받은 지 얼마나 됐다고 또 병에 걸린단 말인가. 자유롭게 돈을 벌고 쓸 수 있는 자유를 잃어버리게 될 것 같았다. 몸이 아프면 그런 자유는 아무짝에도 쓸모없는 것이 될 것이다. 마음이 힘들어 어찌할 바를 모르겠는데 갑자기 입에서 찬양이 흘러나왔다. 나도 모르게 하나님을 더 찾고 있었다. 몸이 아프면 더 겸손해지고 하나님을 깊게 만난다더니 정말 그런 것 같았다.

그즈음 한정협 한국기독교 탈북민 정착지원협의회에서 2박 3일간 치유캠핑프로그램이 열린다는 문자가 왔다. 몸과 마음의 치유가 간절했던 나는 아무 망설임 없이 집회에 참여했다. 성가대 찬양에 맞추어 집회가 시작되는데 그 찬양 소리에 갑자기 눈시울이 붉어지면서 마음속에 맺혀 있던 온갖 응어리들이 하나씩 올라오기 시작했다. 예배를 드리는 내내 가슴을 부여잡고 통곡했다. 북에 두고 온 아이들과 엄마, 남편, 가족들이 떠오르며 돈을 벌어야 하는데 아프면 안 되는데 하는 생각에 가슴이 아프다 못해 아려왔다. 내가 너무 우니까 옆에 있는 분이 내 손을 잡고 함께 기도하며 등을 토닥여주셨다. 알지도 못하는 사람을 위해 기도해주는 그 마음이 얼마나 고마웠는지 모른다. 너무나 따뜻했다.

예배가 끝나고 쉬는 시간에 옆에서 기도해준 분과 얼굴을 마주 보며 통성명을 했다. 놀랍게도 나와 같은 고향인 회령 출신이었다. 지금은 목사라고 인사하시는데 쓰러질 뻔했다. 고향 회령을 떠나 둘 다 이 자리에 와 있다는 것이 믿어지지 않았다. 말하지 않아도 우리끼리 통하는 것들이 있었다. 모든 아픔을 넘어 목사님이 되셨다니 충격이었다. 이 시간 이런 분을 만나게 해 주신 이유가 뭘까 생각했다. 주님의 인도하심을 다시 한번 깨닫는 순간이었다.

그 목사님께서 혹시 미술 심리치료 프로그램 한 번 받아보지 않겠냐고 물으셨다. '그림을 그리면서 나를 알아 가는 시간'이 될 것이라고 하셨다. 나는 미술 심리치료라는 말이 무슨 뜻인지를 몰랐다. 그림에 워낙 소질이 없는 나로서는 미술로 심리치료를 한다니 당황스러웠다. 조금 고민해보겠다 하고 목사님과 헤어졌다. 집에 돌아왔는데도 '그림을 그리면서 나를 알아 가는 시간'이라는 말이 계속 떠올랐다. 생각해보니 40년 넘게 살면서 '나'라는 존재에 대해 생각해 본 적이 정말 없었다. 그저 돈 벌어 가족들을 살려야 한다는 생각밖에 안 하고 살았으니까. 이제는 정말 나를 찾고 싶다는 욕구가 올라왔다. 나는 '나를 찾아 떠나는 여행' 14주 프로그램에 참여하겠다고 목사님께 연락을 드렸다.

'나를 찾아 떠나는 여행'은 민들레가족상담센터 소장님께서 직접 만드신 프로그램이었다. 매주 토요일 생전 그려 보지 않았던 그림을 그렸다. 그림에 소질이 없어도 내 마음과 생각, 감정이 그림을 통해 표출되는 것이 중요했다.

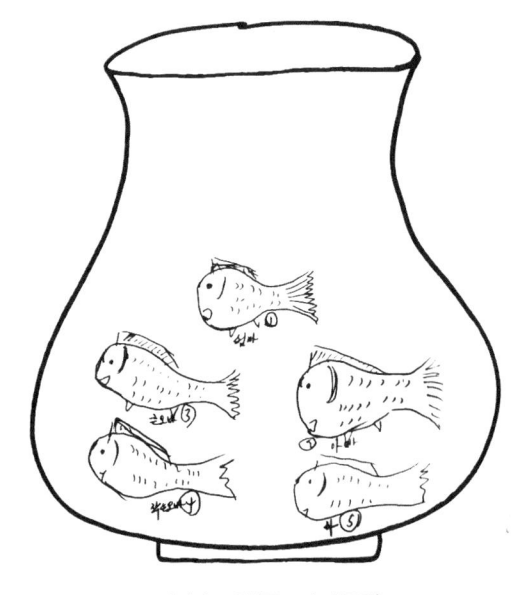

저자가 그린 '물고기 가족화'

이 그림은 그때 '원가족'과 나의 현재 관계를 그린 것이다. 그 프로그램을 주관하던 상담센터 소장님께서는 아무렇게나 그린 내 그림을 보면서 어떻게 나에 대해 그렇게 잘 파악하시는지, 내 깊은 곳의 슬픔의 원천까지 잘 찾아내셔서 정말 깜짝 놀랐다. 이 그림 안에는 엄마와 큰오빠, 아버지, 작은 오빠가 다 들어 있었다. 사실은 그당시 엄마 빼놓고는 모두 다 돌아가신 상태였는데 아무도 내 마음에서 떠나보내지 못하고 살아 있는 것처럼 그림에 다 그려 넣었던 것이다.

맨 위쪽에 있는 엄마는 나에게 가장 큰 영향을 미치는 존재라고 설명해 주셨다. 소장님께서 '북에 두고 온 엄마를 만나지 못해 가슴 깊은 곳에 슬픔이 자리 잡고 있다'는 말씀을 하셨다. 그 말을 듣는 순간 나는 정말 폭풍 울음을 터뜨리고 말았다. 누구에게도 이야기해 본 적 없는 엄마 이야기가 나오니까 나도 모르게 슬픔이 터진 것이었다. 자식이야 아직 어려서 나중에라도 만날 수 있다지만, 엄마는 나이 드셔서 언제 돌아가실지 모르는 상태가 아닌가. 그 죄책감은 말로 다할 수가 없었다. 남편, 아들 다 저 세상으로 보내고 예쁜 고명딸 하나 바라보고 사셨는데, 오도 가도 못 하는 곳에 와 있는 나를 생각하니 엄마한테 미안한 마음이 복받쳐 눈물이 멈추지 않았다.

그렇게 시작된 '나를 찾아 떠나는 여행' 프로그램이 남한에 와서 처음으로 내 마음을 열게 했다. 마음 문을 열자 나는 매주 새로운 나를 발견할 수 있었다. 나에게 나는 없고, 자식과 가족만 있었다. 나는 가족을 위해서는 어떤 것을 해도 상관이 없는 사람이었다. 어떡하든 돈을 벌어 가족들을 살려야 한다는 생각밖에 없는 남한에서 70, 80년대 가족을 위해 희생하던 언니, 누나들과 같은 마음으로 점철된 사람이었다.

소장님은 "내가 없어도 그들은 살아갈 것이고, 내가 없으면 남이 있어도 소용이 없다는 것, 나를 찾아야 행복해질 수 있고, 내가 행복해야 남을 행복하게 만들 수 있다"는 것을 알려 주셨다. 나를 찾는 과정에서 가장 힘들었던 것은 나의 상처를 꺼내는 일이었다. 하지만 그림을 통해 내 상처를 꺼내게 되고 무거운 짐들이 사라지는 것을 경험하면서 훨씬 가벼워진 마음으로 살아갈 수 있었다. 아니, 가볍다기보다 건강하게 살아가게 되었다는 표현이 더 적절한 것 같다.

'수고하고 무거운 짐 진 자들아 다 내게로 오라 내가 너희를 쉬게 하리라'(마 11:28)

이 말씀을 보면 무거운 짐을 내가 내려놓는 것이 아니다. 짐을 들고 주님께로 가는 것까지가 내가 할 일이다. 그다음 쉬게 하는 건, 주님이다.

이곳에 온 탈북민 대부분이 자존심이 무척 강하다. 그렇다 보니 그런 사람들이 자기 이야기를 하면서 마음을 털어놓기란 쉬운 일이 아니다. 바로 그럴 때 미술 심리치료 프로그램이 무거운 짐을 들고 주님께 갈 수 있도록 중간 역할을 해 주어야 한다고 생각한다. 나는 이 프로그램을 통해 주님을 더 깊게 만나는 계기가 되었다. 탈북민들이 자기 내면에 깊이 박혀 있는 상처들을 털어버리고 남한에서의 삶이 가볍고, 아니 건강하고 행복했으면 좋겠다.

'나를 찾아 떠나는 여행'은 탈북민만 대상으로 하는 프로그램이 아니다. 남한 사람들도 같이 참여한다. '나를 찾아 떠나는 여행'에 참여한 남한 분들이 나의 이야기를 들으며 놀랐지만, 나도 사실은 놀란 점이 많았다. 그 전까지 남한 사람들은 상처 없이 행복하게만 사는 줄 알았기 때문이다. 그러면서 남한 사람들에게 더 친근감이 생겼던 것 같다. 지금 생각해보니 미술치료 상담을 통해 남북 사람들이 서로의 상처를 안고 울고불며 마음으로 하나가 되는 작은 통일을 이룬 것이 아니었나 싶다.

'나를 찾아 떠나는 여행'에 참여한 14주 동안 나는 완전히 미술 심리치료에 매료되었다. 그래서 미술 심리치료 전문가과정 공부를 시작했다. 공부하다 보니 자연스럽게 상담센터 소장님과 가까워졌고, 소장님이 다니는 하나교회로 옮기게 되었다. 예배드리러 간 첫날, 예배당에 울려 퍼진 찬송은 다름 아닌 찬송가 273장 '나 주를 멀리 떠났다'였다. '나 이제 왔으니 내 집을 찾아, 주여 나를 받으사 맞아주소서'라는 찬양을 부르는데 정말 하나님이 나를 꼬옥 안아주시는 것 같았다. 갑자기 힘들고 서러웠던 장면들이 주마등처럼 지나가며 폭풍 오열을 하고 말았다. '주님, 집 떠났던 탕자가 이제야 주님 품에 안깁니다.' 그때 하나님의 음성이 마음속 깊이 울려 퍼졌다. "사라야, 여기가 따뜻한 네 집 아랫목이란다." 하나님께서 인도해 주신 교회라는 확신이 들었고, 그때부터 나는 우리 교회를 정말 내 집 아랫목 삼아 열심히 신앙생활을 했다.

탈북민들은 네트워크가 잘되어 있어서 함께 움직이는 일이 많다.

그 때문에 정치적으로 이용한다거나 다른 필요를 채우려는 의도로 접근해오는 사람들이 적지 않다. 도와주는 척하면서 다른 의도를 가지고 아픈 사람들을 꼬집어 놓고 그 아픔을 부풀려서 악용하는 것이다. 그런데 휘둘려서 휘청거리는 사람들을 보면 정말 안타깝다. 그런데 우리 교회에서는 나를 아무런 조건 없이 맞아주고 사랑으로 대했다. 나에게 아무것도 바라지 않았다.

그즈음 나는 매주 프로그램에 참여하는 데다 공부까지 하느라 얼마나 열심히 나다녔던지 몸 상태가 최악으로 나빠지고 말았다. 하지만 나는 내 인생의 방향을 잡았다. 탈북민들(다음세대)과 주님의 복음 사이에 미술 심리치료 상담이라는 작은 징검다리를 놓는 것이다. 상담하다 보면 자연스럽게 주님의 복음을 전할 수 있다는 것을 나는 알고 있다. 나 역시 미술 심리치료 상담을 받다가 주님이 만드신 나를 되돌아보며 나를 더 깊게 알게 되었고 하나님도 더 깊이 알게 되었다.

너무나 매력적으로 다가온 미술치료 때문에 낮에는 직장에서 일하고 밤에는 공부를 했다. 그러나 열정만큼 몸이 따라 주지 않았다. 몸이 최악으로 나빠졌을 때 조금 챙겼어야 했는데 그러질 못했다. 결국엔 큰 병원에서 심장 수술 날짜를 받게 되었다. 나보다 고생하고 있을 북한 가족들을 생각하면 미안한 마음이 들어서 쉬면 안 된다는 무의식이 발동해 다시 쉼 없는 행진을 계속해온 것이다. 자유를 찾아 그 험난한 길을 헤치고 여기까지 왔으면서, 나는 나에게 자유를 주면 안 된다는 생각에 나 자신을 억압하고 말았다. 그 때문에 몸과 마음이 경직되면서 점점 더 나빠진 것이다.

진리가 너희를 자유케 하리라

　탈북 여성들을 위한 치유 집회 '힐링 킹덤'이라는 곳에서 연락이 왔다. 남한의 여성도님들과 탈북 여성들이 서로 짝을 정해서 2박 3일 동안 함께 지내며 집회에 참여하는 치유 프로그램이라고 했다. 심장 수술을 앞두고 있던 나는 '치유'라는 두 글자에 꽂혀 무조건 참여하기로 했다. 아니, 내 무의식의 밑바닥에 남한 여성들과 함께 지내보고 싶은 욕구도 있었던 것 같다.

　집회에 참석하자마자 놀란 것은 남한의 여성도님들과 미국에 사는 한인 교회 여성도님들이 하나가 되어 탈북 여성들을 섬겨주는 모습 때문이었다. 새벽이 되면 우리보다 먼저 일어나 우리를 위해 기도해주셨고, 아침 준비며 식사 시간에 상 차리기, 방 청소, 이불 정리 등등 하나하나 정갈하고 우아하게 꾸며 주셨다. 고생하며 남한에 왔으니 2박 3일 동안만이라도 편히 쉬라는 것이었다. 말만 들어도 가슴이 뜨거워졌다. 한 형제라는 게 바로 이런 게 아닐까. 묻지도 따지지도 않고 아픔을 나눌 수 있다는 것. 덕분에 집회 참석하는 것 외에는 정말 아무것도 안 한 것 같다. 그곳에서는 국적도 사는 곳도 상관없이 모두 주님의 이름으로 하나 되어 울고 웃으며 찬양하고 기도했다. 대접받는 게 익숙하지 않아 처음엔 다들 거북해했는데, 조금 지나니까 그분들의 사랑이 하나님의 사랑으로 느껴졌다. 특히 남한의 여성도님들이 탈북 여성들의 발을 씻어 주는 세족식을 할 때는 너나 할 것 없이 폭풍 오열을 했다. 우리 모두 죄인일 수밖에 없음에 울음바다가 되었고, 죄인 중에 괴수인 우리 죄를 씻어 주시는 예수님 때문에 감사의 눈물이 터져 나왔다.

서로 한바탕 울고 나니 섬기는 분들에게 마음 문이 활짝 열렸다. 한 분 한 분 정말 아름답고 예뻤다. 아픔을 나누는 나눔 시간이 되자 탈북 여성들은 마음을 터놓고 진솔하게 자기 이야기를 하기 시작했다. 어찌나 사연들이 기구한지 그곳에 있는 이야기들만 모아도 역대급 대하드라마 몇 편은 나오고도 남을 것 같았다. 같은 탈북 여성이었지만 내 고생은 정말 아무것도 아니라는 생각도 들었다. 이 동족상잔의 비극적 상황에서 가장 피해받는 사람들이 그곳에 모인 여성들이었다. 하지만 그날 주님 덕분에 모두 행복한 얼굴이었다. 그분들의 이야기를 들으며 내가 집회에 온 이유가 생각났다. 바로 북한 교화소에서 만난 '기독교 간첩' 김영아 선생님이 떠오른 것이다. 내 차례가 되었고, 나는 그 선생님의 이야기를 간략하게 언급했다.

북송되어 북한 교화소에 갔을 때 가장 먼저 받는 질문이 '기독교를 접했는가?', '교회를 다녔는가?'이다. '예!'라고 대답하면 '기독교 간첩'이라는 죄명으로 죽어서도 나올 수가 없는 정치범 수용소로 바로 끌려간다. 앞에 나가 마이크를 잡고 사람들을 보고 섰는데 나도 모르게 고백이 나왔다.

"북송되었을 때, 저는 살기 위해서 '예수를 믿지 않는다!'고 대답했습니다. 하지만 북한 교화소에서 만난 김영아 선생님 덕분에 그 지옥 같은 삶에서도 믿음을 지킬 수 있었습니다. 그분은 목숨을 내놓고 교화소 안에서 복음을 전했으니까요. 아마 지금도 예수를 전하고 있을지도 모릅니다. 하나님이 주신 사명이라고 했으니까요. 저는 예수님을 배반하고 얻은 목숨으로 남한에 왔습니다. 이 자리에 서 있는 제가 너무 부끄럽습니다."

여기저기에서 훌쩍이는 소리가 들렸다. 모두 같은 마음이었을 것이다. 쉬는 시간에 한 자매가 나를 찾아왔다. 놀랍게도 중국에서 김영아 선생님과 함께 살면서 성경공부를 했다는 것이다. 그분의 인도로 예수님을 인격적으로 만났고 남한에 와서 신학 대학에 다니고 있다고 했다. 얼마나 기쁘고 반갑던지! 비록 김영아 선생님을 뵐 수는 없었지만 예상치도 못한 곳에서 신앙의 동지를 만났다는 것이 너무나 신기했다.

그날 밤 김영아 선생님 생각에 잠을 이룰 수가 없었다. 도대체 무엇 때문에 목숨도 아까워하지 않고, 그 공포 속에서도 복음을 전할 수가 있었을까. 내가 교화소에서 나가 중국으로 가자고 할 때마다 그분은 고개를 저었었다. 북한 땅에서 복음을 전하라는 게 하나님 아버지께서 주신 마음이라고 도리어 나보고 여기서 나가면 아버지 일을 하라고 했다. 그럴 때마다 내가 우리 애들은 어떻게 하냐고 덤비면 너무나 평안한 얼굴로 아버지 하나님께서 다 키워 주시니까 걱정하지 말라며 손을 잡아주었다. 예수님 믿는 사람은 뭐가 달라도 달랐다. 모든 것을 주님께 맡기고 그분은 평안했다.

아버지께서 다 키워 주신다는 그 말이 갑자기 가슴에 훅, 하고 들어왔다. 여기서 북한에 있는 아이들을 위해 할 수 있는 일이라곤 정말 기도밖에 없다는 것을 너무나 잘 알고 있지 않은가. 아버지께서 길러 주시는데 내가 왜 그렇게 애들 걱정을 했지? 그때 바로 기도가 나왔다. 주님, 불쌍한 우리 아이들 지켜주세요. 마음이 날아갈 것처럼 가벼워졌다.

아! 김영아 선생님의 평안함이 바로 이런 자유에서 온 거였구나, 죽음까지도 주님께로 올려보내고 아무 두려울 것이 없는 자유, 그러니 정치범 수용소를 가든 더한 곳을 가든 주님을 전할 수 있었나 보다. '진리가 너희를 자유케 하리라!'는 말씀처럼 진리이신 주님께 모든 것을 올려 드렸을 때 참 자유가 온다는 것을 깨닫게 되었다.

집회가 끝나고 집으로 돌아왔는데 마음이 예전과 달랐다. 당장이라도 아버지 일을 해야 할 것만 같았다. '나'라는 사람이 북에 있는 아이들에게 해가 되지 않을까 움츠러들곤 했는데 모든 두려움을 하나님께 올려 드리며 털어 버렸다. 이제는 어디를 가든 두려움 없이 주님의 일을 할 수 있을 것 같았다. 나도 알 수 없는 담대함이 내 영혼 저 깊은 곳에서 용솟음쳐 올라왔다.

그러는 동안 믿을 수 없는 일이 일어났다. 내 심장병이 사라진 것이었다. 수술 전 검사 때문에 병원에 갔는데 수술받을 필요가 없을 정도로 내 상태가 많이 호전되었다고 했다. 결국은 약물치료로도 충분하다고 해서 수술이 취소되었다. 상담도 받고, 세족식도 하고, 예수님을 배반했던 고백도 하고, 찬양과 기도를 드리며 주님과 나의 자유로운 교제가 이루어지는 동안 기적이 일어난 것이다. 성령 하나님의 어마어마한 치유의 역사가 내 삶 가운데 일어나다니! 정말 신비하고 놀라운 주님의 임재가 아닐 수 없었다. 내 삶 속에 실재하고 역사하시는 하나님의 사랑을 통해 나는 육의 회복과 영혼의 회복을 동시에 체험할 수 있었다. 감사하고 또 감사할 일이다.

산전수전, 공중전

주님의 깜짝 선물이 도착했다. 2016년 모 인권협회의 추천으로 핀란드 의회로부터 북한 인권 관련 연사로 초대를 받은 것이었다. 어떻게 나 같은 사람이 우리나라도 아닌 외국에서 연사로 초청을 받을 수 있다는 말인가. 가슴이 두근거렸다. 모진 산전수전을 겪으며 자유를 찾아 남한에 왔다가 공중전까지 겪고 있는 나에게 이렇게 큰 선물을 주시는 우리 하나님. 북한의 '전거리 교화소'에서 나를 지탱해 주던 말씀이 생각났다. '생각하건대 현재의 고난은 장차 우리에게 나타날 영광과 비교할 수 없도다.' 이후로도 나는 계속되는 공중전 속에서도 하나님의 은혜를 만끽할 수 있었다. 하나님은 정말 약속하신 것은 꼭 지키시는 분이 맞는다.

북한에 있는 아이들한테 해가 될까 봐 철저하게 나를 숨기고 살다가 김영아 선교사님 말씀이 떠오르며 모든 두려움을 하나님께 올려 드리고 나니 하나님께서 기특하게 보신 것 같았다. '사라야. 하나님께서 너에게 북한 땅에서 복음을 전하라는 사명을 주셨어. 너는 나가서 여기 실상을 알리고 살아계신 하나님을 증거하는 일을 해.' 이 말을 몇 번이고 되뇌면서도 처음으로 해 보는 역사적인 일이라 마음의 결정이 내려질 때까지는 두려움이 엄습해 오기도 했다.

그즈음 '힐링 킹덤'에서 탈북 여성 섬김이를 하는 집사님에게 연락이 왔다. 하나님께서 기도를 시키신다고. 아무 생각 없이 고개를 숙이는데 자기도 모르게 내 기도가 나온단다. 내 짝도 아니었는데 나를 위해 기도한다는 말이 너무나 힘이 되었다. 내가 다니는 교회 성도님들도 어찌나 열심히 응원해 주시는지. 하나님으로 인해 나의 주변이 좋은 사람들로 겹겹이 싸여가고 있었다. 그럴 때마다 세 겹 줄은 쉽게 끊어지지 아니한다는 말씀처럼 나는 절대 두려움에게 질 수 없었다.

드디어 핀란드에 도착. 시차에 적응할 새도 없이 3박 4일간의 벅찬 일정이 시작되었다. 첫날은 핀란드 의회에서 그다음 날은 핀란드 대학생들 앞에서 북한의 인권에 대해 증언을 했다. 이성적으로 조곤조곤 이야기하겠다고 마음먹었는데 북한에서 겪었던 쓰라린 삶들과 전거리 교화소에서 벌레보다도 못한 취급을 받았던 기억들을 꺼내 이야기하는 것은 참으로 버겁고 힘이 들었다. 그래도 전해야 했다. 그래야 북한의 인권상황이 조금이라도 나아질 수 있을 테니까. 교화소에서 한 끼도 제대로 못 먹고 50명이 넘게 모여서 생활하는 방에서 기어다니는 벌레를 잡아먹어서라도 목숨을 지키려는 나의 동포들, 특히 여자들은 교화소 안에서 성노예로, 화풀이 대상으로…. 인권이 아예 없다고 해도 과언이 아니다.

"…북한에는 아직 제 가족들이 있습니다. 제가 여기에 나와 북한의 인권에 대해 증언을 하게 되면 제 가족들의 운명은 장담할 수 없습니다. 그런데도 저는 지금 이 자리에 섰습니다. 아직도 고통받고 있는 우리 동포들을 살리기 위해서입니다. 북한은 인권유린을 멈춰야 합니다!"

나는 이를 악물고 내가 목격하고 느낀 그대로 진실을 전했다. 강단에서 내려오는데 나도 모르게 눈물이 터졌다. 아직도 고통받고 있을 동포들이 떠올랐기 때문이었다. 핀란드 의회뿐 아니라 대학생들도 연설이 좋았다며 나에게 고생했다고 안아주고 위로해주었다. 한국 대사관에서도 너무 좋았다고 칭찬을 해주셨다.

첫 해외 일정을 마치고 한국으로 돌아와 핸드폰을 보고 '힐링 킹덤'에서 만난 그 섬김이 분이 기도하며 보낸 문자들을 확인할 수 있었다. 일정 중에 멀미도 안 하고 건강하게 마칠 수 있었던 것이 중보기도의 힘이었음을 하나님은 사람을 통해 나에게 보여주셨다.

내 인생에서 전환점이라고 할 수 있는 역사적인 일을 마치고 와서 처음 든 생각은 예수님께서 나를 그렇게 높여 주셨는데, 나도 예수님께 부응하려면 좀 더 나은 사람이 되어야겠다는 것이었다.

2017년부터 본격적으로 공부를 시작했다. 미술치료 전문가과정과 사이버대학 사회복지학과에 등록했다. 북한에서 사용하지 않는 외래어와 전문용어가 너무 많아서 애를 먹었지만, 밤을 새워가며 공부를 했다. 남들만큼은 해야 한다는 부담감 때문이었다. 하지만 성과를 얻기는커녕 금세 지쳐 버렸다. 그런데 주님이 살길을 열어주셨다. 사이버대학에 탈북민 동아리가 있다는 것을 알게 되었고, 나와 비슷한 처지의 친구들과 선배들에게 정보를 얻고 나누며 공부 노하우를 배울 수 있었다.

2017년 5월, FEBC 북한선교위원회 유춘환 대표님의 추천으로 '빌리 그레이엄 전도협회'에서 주관하는 '박해받는 기독교인들을 위한 세계 1차 정상회의'에 초청을 받았다. 장소는 미국 워싱턴 D.C.였다. 핀란드에 이어 미국에까지 가게 되다니. 하나님께 감사하고 또 감사했다. 나를 포함해서 탈북민 목사님 네 분이 함께 남북한 연사 대표로 초청받았다.

미국에 가기 전 주일에 우리 교회 담임목사님께서 간증을 부탁하셨다. 내가 핀란드에도 다녀왔고 이제 미국도 가게 되었는데, 정작 우리 교회에서는 한 번도 내 이야기를 정식으로 들어본 적이 없다고 하시니 거절할 수가 없었다. 생각만 해도 나의 삶이 너무 아파서 꺼내고 싶지 않았지만 말할 수 있을 것 같았다. 나를 사랑하는 우리 교회 분들 앞이니까 어떤 주제에 맞추어 이야기하는 것이 아니라 나의 삶 전체를 자유롭게 이야기했다. 출생부터 남한에 오기까지의 과정 하나하나를 짚어가며 이야기했다. 고난의 행군 시절에 시집을 갔고 첫아기와 조카를 잃었고 아버지가 돌아가셨다는 이야기를 하는데, 갑자기 눈물이 왈칵 쏟아져 나왔다. 나는 북받쳐 흐르는 눈물을 주체하지 못하고 엉엉 울어 버렸다. 얼마나 울었는지 간증을 어떻게 마무리했는지 기억도 안 난다.

집에 돌아와서도 잠을 못 자고 울었다. 첫 아이, 조카, 아버지, 친정 오빠… 먼저 하늘나라로 간 이들이다. 미술 심리치료를 받을 때 먼저 떠나보낸 가족들에 대한 슬픔이 사라졌다고 생각했는데 아직도 내 안에서는 그들을 떠나보내지 않았나 보다 생각했다. 그들이 먼저 하늘나라로 갔을 때 울고불고 난리 치며 슬픈 마음을 충분히 느꼈어야 했는데, 그 시절 나의 삶이 너무 힘들다 보니 마음이 아픈 것도 모르고 살았고 아플 새도 없었다. 그래서 내 가슴에 남아 있던 그때의 아픔과 고통을 수십 년이 지난 지금 느끼는 것 같았다. 그날은 밤새도록 앓았다. 주님도 나를 조용히 지켜봐 주셨다. 인간적인 슬픔도 슬픔인 줄 아시는 우리 주님이시니까.

그날 일이 부담되었는지 날이 갈수록 남들 앞에서 간증하는 일이 두려워졌다. 당장 미국행이 걱정이었다. 도저히 자신이 없어 포기해야 하나 고민하고 있을 때 극동방송의 김장환 목사님께 연락이 왔다. 포기하려고 고민하는 걸 어떻게 아셨는지 내가 왜 남한 대표로 가게 되었는지 설명해 주셨다. CD로 영상 하나를 보여주셨는데, 세계 여러 곳에서 박해받는 그리스도인들의 모습이 담겨 있었다. 그 영상 속 핍박받는 이들의 고통과 희생이 내 마음에 쿵, 하고 다가왔다.

'내가 내 아픔만 크게 보았구나. 예수님을 위해 저렇게 죽음도 불사하는 사람들이 많은데.'

나에게만 집중되어 있던 시야를 하나님께서 넓혀주시는 것을 느꼈다. 그때 예레미야 33장 3절 말씀이 떠올랐다. "너는 내게 부르짖으라 내가 네게 응답하겠고 네가 알지 못하는 크고 은밀한 일을 네게 보이리라" 말씀을 많이 모르는 나에게 주님이 하신 말씀이다. '네가 알지 못하는 크고 은밀한 일을 네게 보이리라! 주님, 제가 주님의 말씀을 가지고 나아가겠습니다.' 다짐했다.

미국 워싱턴 D.C.에서 열린 '박해받는 기독교인들을 위한 세계 제1차 정상회의'에서 내게 주어진 시간은 딱 8분이었다. 나는 전거리 교화소에서 군인들의 눈을 피해 목숨 걸고 주님의 복음을 전하던 '김영아 선생님'에 대하여 짧게 증언했다.

정치범 수용소는 한 번 들어가면 죽어서도 나올 수 없는, 영혼마저 돌아올 수 없는 지옥이다. 그것을 모르는 사람은 없다. 교화소 죄수들이 석탄을 캐러 땅굴로 들어간다면, 정치범 수용소 죄수들은 겨우 한 명 정도 들어갈 수 있는 더 깊은 곳으로 들어가 온종일 석탄을 캐고, 산소가 모자라면 그 자리에서 그냥 죽을 수도 있다. 교화소 죄수들이 인분을 손으로 밭에다 뿌리는 노동을 한다면, 정치범 수용소 죄수들은 인분을 가마솥에 끓여서 내보내는 일을 한다. 진종일 인분 끓이는 냄새를 맡으며 살아야 한다. 그런 식으로 죽는 날까지 가장 혹독한 노동을 하다가 죽으면 그곳에서 시체까지 태워 없앤다.

"…그런데도 김영아 선생님은 정치범 수용소에 가는 것도 목숨을 잃는 것도 두려워하지 않으셨습니다. 교화소에서 시름시름 앓고 있는 누군가를 위해 더 담대하게 기도했고, 굶주리는 사람을 위해 자기가 먹을 것을 숨겼다가 꺼내 주었고, 차마 두 눈을 감지도 못한 채 죽어 나간 영혼을 위해 눈물로 기도하던 사도바울과 같은 사람이었습니다…"

짧은 시간이었지만 북한 내의 그리스도인들의 실상을 최대한 전달하려고 노력했고 하나님의 은혜로 잘 마칠 수 있었다. 끝나고 나니까 많은 사람이 뜨겁게 반응해 주었다. 나에게 다가와 우리가 도와줄게 뭐냐고 물어보는데 나는 탈북해서 중국에 머무는 탈북민들을 난민으로 인정해 달라고 호소했다. 난민으로 인정되면 어디든 가고 싶은 나라를 결정할 수 있다. 하지만 현실은 탈북한 사람들을 죄인으로 낙인을 찍어 놓았다. 그러니 탈북 여성들은 일제 강점기 위안부처럼 중국의 장애 남자들에게 헐값에 팔려가고, 북송되면 최악의 인권유린을 당하다가 목숨을 잃는 것이다. 유엔 난민기구에서는 탈북한 사람을 난민으로 인정받을 수 있게 움직여야 한다고 호소했다.

미국 워싱턴 D.C.에 머무르는 동안 가장 기억에 남는 것은 대통령들이 묵는 호텔에 머물렀던 일이다. 그 화려한 호텔 복도에 각 나라의 국기가 두 줄로 세워져 있었다. 전 세계에서 기독교 박해가 가장 심한 국가 순이라고 했다. 북한의 인공기는 제일 앞쪽에 있었다. 세계 박해 국가 1위인 북한의 인공기를 보는 순간 마음이 먹먹해지면서 얼마나 눈물이 나는지. 방에 들어와서도 엉엉 울었다. 주여, 이 불쌍한 나라를 기억해 주세요.

그래도 북한에도 희망이 있다. 도저히 상상할 수 없을 만큼 끔찍한 박해가 가해지는데도 복음전파를 위해 그 땅에 머물겠다고 고백하는 믿음의 사람들이 있기 때문이다. 그것이 진정 복음의 가치를 아는 사람, 하나님의 사랑을 깨달은 사람의 모습이라고 생각한다. 지금, 이 시간에도 복음의 불모지 북한에서 복음을 받아들이는 사람이 있을 것이라고 믿는다.

핀란드 연설 때는 인권에 관해 이야기했지만, 미국에서는 박해받는 기독교인에 대해 연설을 해서 그런지 나의 믿음에 커다란 전환점이 되었다. 정말 복음 통일이 되지 않고는 북한의 동포들이 박해받는 나라에서 벗어날 수 없다는 생각이 들었다. 그렇다면 내가 해야할 일은 무엇일까. 다시 '나를 찾아 떠나는 여행'이 생각났다. 열심히 공부해서 주님이 행하실 크고 은밀한 일을 위해 최선을 다해야겠다고 마음먹었다. 먼저 신앙생활의 지경을 넓히기 위해 다른 교회에서 교육하는 '말씀기도학교'에 다니기로 했다. 등록하려니 교육비가 없어서 그동안 모아왔던 청약통장을 해지한 돈으로 수강료를 냈다. 그런데 이상하게도 전혀 아깝지가 않았고 오히려 기뻤다. 드디어 내 지갑에도 하나님의 은혜가 임하기 시작한 것이다. 아침 일찍 집을 나가 일하고 '말씀기도학교'까지 마치고 밤늦게 돌아오곤 했지만 힘들지 않았다. 늘 '나의 등 뒤에서 나를 도우시는 주'라는 찬양을 틀어놓고 지냈다.

탈북민 중에 한국에 와서 불안해하거나 정착하는 데 어려움을 겪는 사람들이 많다. 그런데 나는 나름대로 잘 적응하면서 알차게 지내고 있다. 그 비결은 바로 이른 비와 늦은 비로 인도하고 동행해주시는 하나님한테 딱 붙어 있는 것이다. 붙어 있기만 하면 그분이 인도하는 어디로든 갈 수 있다. 나약한 인간인지라 하나님께 붙어 있다해도 한 번씩 불어오는 시련에 오르락내리락한다. 신기한 것은 내가 작은 감사들을 잊고 지내거나 어려움에 불평할 때마다 하나님은 나를 비행기에 태우셨다는 것이다.

2017년도 11월, 하나님은 나를 이웃 나라 일본의 오사카 지역으로 이끄셨다. 오사카 나라현 이꼬마에 있는 일본 교회의 초청으로 탈북 집사님과 함께 선교를 갔다. 열흘 동안 오사카 지역 대학교와 몇몇 교회에 가서 북한 그리스도인들의 실상을 알렸다. 내가 경험한 교화소와 김영아 선교사님 이야기를 했다. 감사하게도 그분들은 나의 작은 간증에 크게 반응해 주시고 북한의 복음 통일을 위해 기도해주겠다고 하셨다.

내 간증을 듣고 어느 교회의 장로님이 별안간 내 앞에서 무릎을 꿇더니 일본 사람들이 과거에 한국인들에게 못된 짓을 했다며 사죄하셨다. 일본에 대한 안 좋은 감정이 있었는데 그 장로님 때문에 마음이 눈 녹듯 녹았다. 하나님께서 내 입술을 통해 그들의 마음을 열어주셨음을, 나의 마음을 열어 화목하게 되는 역사를 일으켜주셨음을 체험한 가슴 벅찬 순간이었다. 감사하게도 그때 만난 귀한 인연 중에 나와 자매의 연을 맺은 분이 있다. 내 간증을 듣고 다가와 고생했다고 안아주시더니 하나님 주신 마음이라며 결혼 때 받은 패물을 들고 오셔서 자기는 목걸이만 갖고 나에게는 반지와 귀걸이를 주셨다. 진주와 다이아몬드가 박힌 예쁜 결혼 패물을 나누어 가지면서 우리는 하나님 아버지의 자매가 되었다. 그 후로도 어려움을 겪을 때마다 기도와 후원의 통로가 되어주셨다. 내가 정말 힘들어 헤매던 어느 때에는 일본에서 비행기 타고 오셔서 공항에서 나를 만나 위로해주시고 바로 비행기를 타고 일본에 돌아간 적도 있었다. 하나님의 사랑은 어디까지 일까. 그런 분들의 사랑을 통해 하나님 사랑을 배울 수 있었다.

하나님 안에서는 한국이니 일본이니 하는 국적도 필요 없다. 성령이 하나이듯 우리는 한 형제자매이다. 한국 분 중에 북한에 대한 안좋은 감정을 가진 분들이 많다. 그분들이 예수님을 만나 우리가 모두 하나님의 자손임을, 북한 사람들도 한 형제임을 알게 되기를 소망해 본다. 세계에서 가장 박해가 심한 국가 1위인 북한, 그 사람들도 그곳에 태어나지 않았다면 그렇게 살지 않았을 것이다. 하나님의 뜻이 있음을. 긍휼한 마음으로 그들을 품어 주시기를 오늘도 기도한다.

1년이 채 되지 않은 2018년 10월에 나는 다시 이집트로 날아갔다. 기독교 단체인 게더링과 연합된 교회들이 이집트 카이로 광야에서 모이는 대규모 집회에 참석하기 위해서였다. 세계 각국의 단체들이 모였는데 우리 탈북민들이 강단에 올라가서 기도를 인도했다. 한국과 전혀 다른 자연과 문화를 체험하며 다시 한번 세상의 광활함을 경험했다.

성경에 나오는 거대한 애굽 땅을 밟아 보니 이스라엘을 출애굽 시킨 하나님이 정말 위대해 보였다. 저 광활한 사단의 세력을 인간의 힘으로 이겨 내기가 얼마나 힘들었을지, 이스라엘 민족들은 애굽 땅에서 살던 때를 얼마나 그리워했는지, 왜 40년의 세월을 광야에서 뱅뱅 돌아야 했는지 알 것 같았다.

하지만 나를 향한 하나님의 뜻은 다른 곳에 있었다. 바로 이집트 카이로에 있는 쓰레기 동네 모카담을 보여주시려 한 것 같았다. 쓰레기를 뒤지면서 살아가는 풍경은 사실 낯설지 않았다. 북한에서 많이 보아 온 풍경이었다. 하지만 그들은 북한 사람들과 달랐다. 북한 사람들은 먹고살기 위해 쓰레기를 뒤지지만, 모카담에 사는 사람들은 오직 하나님을 믿기 위해 쓰레기를 뒤지기 때문이다. 그들은 무슬림이 되면 잘살 수 있는데도 믿음을 지키기 위해 카이로 사람들이 버린 옷을 입고, 카이로 사람들이 먹고 남긴 음식 찌꺼기나 들짐승을 먹고, 쓰레기를 처리해서 생기는 돈으로 살아간다. 스스로 쓰레기 동네 모카담을 선택한 것이다.

그들을 보면서 너무 놀라웠고, 마음이 아팠다. 그런 사람들이 숨어서 기도한 바위 동굴 주변에만 꽃이 피었다는 일화가 잊히지 않는다. 그렇게 열악한 환경 속에서 하나님을 경배하며 신앙의 희열을 느끼는 그들의 미소는 정말 밝고 따뜻했다. 그들의 미소를 보는데 머리에 총 맞은 사람처럼 펑! 하는 것이 있었다. 여태까지 하나님을 믿는다고 다니던 나의 모습들은 진짜였나? 가짜가 아니었을까? 다시 쓰레기 같은 환경 속으로 돌아간다면 나도 저들처럼 미소를 잃지 않고 오직 주님만 바라보며 살 수 있을까? 대한민국에 와서 먹고 자고 입고 자유로이 예배도 드리고 해외도 왔다 갔다 하며 내 영혼이 조금씩 때가 끼고 있다는 것을 느꼈다. 작은 일에도 감사하며 살던 내가 이제는 그런 환경이 당연하다고, 세상 유혹에 왔다 갔다 하며 감사를 잊고 사는 것이다. 이제는 유혹에 흔들리는 어린아이 같은 믿음을 넘어 그리스도의 장성한 분량의 믿음으로 나아가라고 하나님이 나를 모카담으로 인도하셨다.

이집트에서 오자마자 우리 교회에서 곧바로 간증했다. 한국이란 나라에서 자유를 누리며 기도할 수 있다는 것이 얼마나 감사한 것인지에 대해 알려 드리고 싶었다. 이 축복을 지켜나가기 위해 우리는 주님 말씀에 더 순종하며 나아가야겠다.

이듬해 4월, 다시 미국에 갈 기회가 생겼다. 미국 시민권을 가진 어떤 목사님의 초청이었다. 북한 사역 때문에 한국에 오셨다가 탈북민 5명을 초청해 LA와 시카고 지역을 돌며 북한 그리스도인들의 실상을 전하자고 하셨다. 무조건 순종이다. 전 세계 많은 사람이 북한의 실상을 알아야 복음 통일도 앞당겨질 수 있으니까.

내가 처음으로 간증했는데 하나님의 은혜로 첫 단추를 잘 끼울 수 있어서 뿌듯했다. 그때 팀원들과 북한에서 부르던 김정일 우상숭배 노래를 하나님 찬양으로 개사해서 불렀다. 송유리 전도사님께서 개사해 주셨는데 가사가 정말 은혜로웠다. 탈북한 사람이라면 가사만 봐도 무슨 노래인지 알 것이다.

<하나님을 향한 우리의 마음>

아버지라 부릅니다. 우리 하나님. 사랑이라 부릅니다. 우리 하나님
영원 생명 허락하신 사랑의 하나님. 이 세상 제일 친근한 우리 하나님
주님이라 부릅니다. 우리 예수님. 친구라고 부릅니다. 우리 예수님
십자가의 보혈로써 구원을 주신 분. 이 세상에서 제일 고마운 우리 예
수님

영광 영광 드립니다. 우리 하나님. 영원히 찬양합니다. 우리 하나님 삼천리 금수강산에 복음 통일 이루시는 분. 이 세상 제일 위대한 우리 하나님

<우리를 보라>

그리스도의 복음을 들고 우리들은 가리라 저 땅을 향해
믿음의 방패 생명의 검을 막을 자가 누구냐
보라 우리를 보라 그러면 마음 든든하리라 보라 우리는 예수의
십자가의 군대다

자유를 위한 평화를 위한 우리들은 위대한 주님의 군대
복음의 소식 평화의 소식 막을 자가 누구냐
보라 우리를 보라 그러면 마음 든든하리라 보라 우리는 예수의
십자가의 군대다
시험의 구름 환란이 와도 우리들은 언제나 승리하리라
나의 부모여 나의 형제여 염려하지 마시라
보라 우리를 보라 그러면 마음 든든하리라 보라 우리는 예수의
십자가의 군대다

북한 가수들처럼 간드러지게 부르지는 못했지만, 가사를 보며 한인 교회 성도님들이 박수를 많이 보내 주셨다. 북한 땅에서 우상숭배

노래가 사라지고 하나님을 찬양하는 찬송이 울려 퍼지기를 바라는 마음에서 응원해 주셨으리라.

두 곡 다 복음 통일이 되어 찬양으로 바꾼다면 북한 백성들이 모두 함께 부를 수 있는 곡이다. 복음 통일이 되어 북한 땅에서 내 가족들과 친구들이 함께 이 찬양을 목청껏 부를 날이 오기를 소망해 본다. 내 뜻대로 마옵시고 주 뜻대로 하옵소서!

나의 비전

　통일이 되면 나는 북한으로 달려가 예수님의 복음과 사람 사이에 미술치료라는 징검다리를 놓아 주며 전도하고 싶다. 그리고 우리 엄마같이 힘없고 병든 사람들이 굶어 죽는 일이 없게 하는 복지 전문가 사회복지사가 될 것이다. 그 소망 때문에 시작한 2년간의 미술치료 전문가 과정과 사이버대학 사회복지학과 공부를 2019년이 되어서야 마칠 수 있었다. 논문을 썼고 실습을 했다. 학업 스트레스 때문에 심신이 지쳐 있었지만, 전문가 자격증을 취득하고 대학의 수료 과정들을 하나하나 배워가면서 느끼는 성취감과 뿌듯함은 정말 말로 표현할 수가 없었다. 이렇게라도 대학공부를 시켜 주신 하나님께 너무나 감사했다. 하나님께서 보내 주신 좋은 분들이 있었기에 그분들의 조언과 노하우를 듣고 그 힘든 과정들을 극복할 수 있었다. 그리고 민들레상담센터 소장님 밑에서 실제적인 상담을 배우며 상담원으로 일하게 되었다.

나의 소망을 위해 한 걸음씩 나아가며 대한민국 사회의 성숙한 시민이 되어갈 때쯤 북한에 계신 나의 사랑하는 엄마가 돌아가셨다는 연락을 받았다. 앙상한 가지가 바람에 흔들리는 추운 겨울날이었다. 순간 다리에 힘이 풀려 아무 소리도 들리지 않았다. 엄마가 돌아가신 때가 9월이라는 소리가 들렸다. 하! 나도 모르게 한숨이 나왔다. 나는 엄마가 돌아가신 줄도 모르고 엄마를 생각하며 공부를 한 것이다. '엄마, 나 여기서 하나님도 만나고 대학공부도 하고 잘 지내. 돈 벌어 엄마부터 모셔 오고 싶어. 맛난 것도 사드리고 효도도 실컷 해야지.' 아무것도 모르고 나는 아주 야무진 꿈을 꾸고 있었다.

　미친 듯이 DMZ 근처로 달려갔다. 세상에 이런 불효막심한 자식이 어디 있단 말인가. 가을에 돌아가신 엄마 소식을 겨울이 되어서야 듣다니. 이런 비극은 이 세상천지에 우리나라밖에 없을 것이다. 분단이 아니었다면 겪지 않을 아픔을, 나는 또 가슴으로 씹어 삼켜야 했다.

　가로막고 있는 철조망 너머로 보이는 북한, 철조망이 유난히 가슴을 찔렀다. 엄마와 내가 살던 북한을 바라보며 한없이 울었다. 엄마와 함께 불렀던 노래가 떠올랐다. '나의 살던 고향은 꽃피는 산골 복숭아 꽃 살구 꽃 아기 진달래 울긋불긋 꽃 대궐 차리인 동네 그 속에서 놀던 때가 그립습니다' 꽃보다는 가난과 고난과 슬픔과 아픔이 더 많이 생각나는 나의 고향, 오이 몇 개 들고 한여름에 피땀을 흘리며 딸년 얼굴 보겠다고 파출소로 면회 왔던 엄마를 생각하니 엄마와 함께한 아픔은 나에게 꽃 대궐이었다.

　계속 울고 다니는 나를 걱정하던 소장님께서 나를 바다에 데려가

주셨다. 바다를 향해 소리치는데 미안하다는 말밖에 나오지 않았다. 오열하는 나를 붙들고 소장님께서 자꾸 미안하다고만 하지 말고 고맙다는 말도 해보라고 하셨다. '고맙다'고 외치다 보니 엄마가 미안하다는 말보다 고맙다는 말을 더 좋아할 것 같다는 생각이 들었다. 밤새 엄마에게 쓴 편지를 바다에 띄우며 마지막 인사를 드렸다. '엄마, 고마워요.'

우리 교회에서 엄마를 위해 추모예배를 드렸다. 아는 목사님들, 우리 교회 교인들과 대학 학우들, '힐링캠프'에서 만난 섬김이 안 집사님, 그분과 가까이 지내던 KBS 작가님들이 와주셨다. 나를 위해 기도해주는 신앙의 가족들이다. 그분들 앞에서 나는 엄마 소개를 했다.

"…저희 어머니는 예수님을 모르고 살다 돌아가셨습니다. 북한은 주님을 믿으면 처형당하는 동토의 땅이니까요. 막내딸을 그리워하다 돌아가신 어머니를 생각하면 눈물이 앞을 가리지만 이제는 슬픔보다 기쁨으로 살겠습니다. 그래야 어머니도 하늘에서 내 모습을 보며 기뻐하실 테니까요. 주님! 고생만 하다 돌아가신 사랑하는 나의 어머니를 천국으로 보내 주세요."

결국엔 또 울고 말았지만, 그렇게 특별한 추모예배를 드릴 수 있어서 너무나 감사했다. 북한에서 살았다면 상상할 수도 없는 일이었다. 슬픔을 함께 나누며 울어주는 분들을 바라보는데 정말 하나님께서 보내 주신 천사들 같았다. 나 혼자가 아니었다.

그렇게 은혜로운 추모예배와 하나님께서 보내 주신 천사들이 옆에 있는데도, 엄마가 이 세상을 떠나셨다는 사실은 나의 많은 부분을 뒤흔들었다. 거기다 어려서부터 앓고 있던 방광염이 다시 발작했다. 이 방광념은 간질처럼 자주 발작을 일으켜서 한번 아프기 시작하면 애 낳는 것보다 통증이 더 심했다. 몸까지 아프니 엄마처럼 혼자 버려져 죽을지도 모른다는 생각까지 들었다. 잠깐이었지만 감사함을 잊고 불평하며 어렵고 힘들다는 생각만 했다. 하나님 말고 사람에게 기대어 그런 악조건들을 해결해 보려고 기웃거리기도 했다. 처음 한국에 왔을 때는 여기가 천국이라며 구름 위를 걷듯이 살았는데, 5년 차에 접어들면서는 이곳도 결국 세상의 일부라는 생각을 하게 되었다.

그때 하나님께서 포진해 놓으신 영적 어미와 아비들이 나를 가만 두지 않았다. 상담센터 소장님은 센터에서 진행되는 프로그램에 참여해서 상담을 배우라고 하시고, 우리 교회 목사님은 '사라는 열국의 어미'라고 많은 사람을 품어야 한다고 하시고, 섬김이 안 집사님과 출애굽을 일대일로 공부했었는데, 안 집사님께서 사라 씨 비전을 위해 기도한다면서 말씀과 설교를 보내 주었다. 나를 위한 것은 꿈이고, 하나님을 위한 일은 비전이라며 기도하면서 하나님이 주시는 마음이 무엇인지 들어보라고 매일 문자를 보내주셨다. 현실은 힘들어 죽겠는데 먼 나라 이야기만 하는 것 같았지만, 이야기 들으면 순종을 잘하는 나의 장점을 되살려 그분들의 말씀대로 기도하며 나를 돌이켜보았다. 기도하는데 어찌나 회개가 나오던지. 하나님은 나를 큰 자로 대해 주셨고, 충만한 은혜로 인도하시며 세상에 누려 보지 못한 자유를 얼마나 많이 누리게 하셨는가. 그리스도께서 우리를 자유롭게 하려고 자유를 주셨으니 그러므로 굳건하게 서서 다시는 종의 멍에를 메지 말라 하셨건만, 굳건하게 서 있지 못하고 이별이라는 슬픔의 멍에를 메고 흔들렸던 것이다.

그때 나는 과감하게 슬픔과 결별했다. 그리고 하나님을 위해서 일할 수 있는 사람인지 알게 해달라고 기도를 드렸다. 여기저기서 받은 말씀과 설교를 들으며 하나님 음성에 귀 기울이는 시간을 가졌다. 설교를 들으며 우리나라에 훌륭한 목사님이 참 많다는 것을 알았다.

하나님이 주신 마음이 있었다. 남한에 와서 제대로 정착하지 못하는 탈북민들을 품고 이곳에서 잘 정착할 수 있도록 중간 역할을 하라는 것이었다. 그동안 중국에서 알던 동생들을 한국에 들어올 수 있도록 구출 작업을 하고 있었다. 그 동생들이 무사하게 한국에 올 수 있도록 기도하며 기다렸는데 감사하게도 무사히 대한민국 땅을 밟았다. 하나님 주신 마음이 있었기에 그 두 사람이 하나원에서 나왔을 때 잘 정착할 수 있도록 있는 힘껏 최선을 다해 도왔다. 그런데 그들은 내가 뭔가 바라는 게 있어서 잘해 주나 싶어서 의심하고 불안해하면서 연락을 끊어 버렸다. 처음엔 배신감이 들어서 마음이 너무 힘들었다. 하지만 그들이 왜 그러는지 그 마음을 이해하니까 배신감은 털어버리고 좋은 마음으로 지냈다. 나도 한국에 왔을 때 아무도 믿지 않았고 사람도 안 만나고 방안에서 불안에 떨며 지낸 적이 있지 않은가. 그래서 그들이 불편한 마음에서 빨리 벗어나기를 기도했다. 하나님께서 다른 사람에게 준 것은 기억하지 말고 받은 것만 기억하라는 마음을 주셨다. 멋진 하나님이시다. 한참 지나고 한 아이한테 전화가 왔다. 어찌나 반가운지 나는 목소리 들려줘서 고맙다고 먼저 인사를 했다. 잘잘못을 따져 무엇 하나. 이렇게 목소리 들으면 다 풀리는 것을. 우리는 한 형제가 아닌가.

그러다 진짜 나의 비전이 생각났다. 그런 우울한 시기에 나는 미술 상담치료를 받으며 건강한 자아를 찾지 않았는가. 그 동생을 미술 상담치료를 통해 전도하고 싶다는 생각이 들었다. 또 탈북민들이 잘 정착할 수 있도록 돕는 중간 역할에는 하나님 말씀을 전하는 것도 포함되어야 한다. 왜냐하면, 좋은 공동체를 만나 하나님 말씀대로 살다 보면 어려움이 닥쳐왔을 때 그것을 극복하는 데 좋은 방법으로 해결된다는 것을 누구보다 잘 알고 있으니까.

통일이 되면 북한으로 달려가 미술치료 상담을 통해 전도하겠다는 나의 소망은 나의 비전이 되어 한국에 온 탈북민들을 전도해야겠다는 용기를 갖게 되었다. 소장님 밑에서 상담사로 일하며 소장님과 손을 잡고 '나를 찾아 떠나는 여행'처럼 남한 사람과 북한 사람이 함께 참여하는 프로그램을 기획하기로 했다.

그러는 중에 친한 탈북민 후배한테 상담 의뢰가 왔다. 탈북한 젊은 남자인데 북한에 있는 남동생이 생각 나서 불쌍해 죽겠다고 부탁하는 것이었다. 처음부터 상담으로 바로 들어갈 수는 없었다. 거리감이 있는 상태에서 마음 문을 열지 않는다는 것을 알고 있기에. 상처 많은 사람은 공통으로 마음 문이 이중 삼중으로 닫혔을 것도 알고 있기에. 처음엔 '탈북'이라는 공통분모가 있으니 후배와 셋이 만나 친하게 지내자며 즐거운 만남을 유도했다. 그리고 얼마 후 상담을 시작했다. 둘이 마주 앉아 서로의 이야기를 나누다 보니 A군은 북한에서 군인으로 제대하고 좋은 직장에 다니다가 여자 친구를 따라 남한으로 내려왔다고 했다. 그런데 1년간 같이 살던 여자 친구가 남한 남자와 바람이 나서 배신하는 바람에 정신적으로 아주 불안한 상태였다. 탈북 과정은 정말 목숨을 내놓아야 가능한 일인데, 여자 친구를 따라왔으니 그 여자를 얼마나 사랑하는지 알 것 같았다. 그러니 그 배신감은 또 어땠겠는가. 사람을 만나기 싫어서 누워만 있다니 우울증은 기본일 것이고, 저녁이 되면 눈이 풀리는 것 같다면 조현병까지 의심할 수도 있었다. 말하지 않아도 그 심정이 어떤 건지 너무도 잘 알기에 첫날은 공감대를 형성하며 이야기를 잘 이어갔다.

얼마 후에 회사에서 잘렸다는 연락이 왔고, 그 뒤로는 그 친구와 연락이 끊겼다. 우울증이 심한 그를 회사가 봐줄 리가 없었다. 이제 남한에선 설 자리가 없겠구나 싶었다. 뭐라고 표현할 수는 없었지만 차갑게 느껴지는 이질적 문화 속에서 분명히 소외감을 느끼고 방바닥을 파고들 것 같았다. 계속 연락이 안 되자 답답한 마음에 후배와 함께 A군의 집을 찾아가 문을 두드렸다. 집 안에 있는 것이 분명한데 나오지 않았다. 나중에 택배로 먹을 것도 보내 보았다. 그래도 감감무소식이었다. 다시 찾아가서 주변 사람들에게 그 친구에 관해 물어보았다. 그랬더니 온종일 왔다 갔다 하면서 집안 물건들을 다 버리는 것 같다고 했다. 나 혼자 해결할 수 없는 상태임을 감지하고 그 지역 신변 보호 담당관에게 직접 연락했다. 하지만 그 담당관은 여러 번 찾아갔는데도 문을 열어주지 않는다며 그냥 돌아가 버렸다. 다시 담당 형사에게 그 친구 좀 보호해 달라고 부탁했는데 소용이 없었다. 같은 탈북민이라고 하면 신경을 안 써 줄 것 같아서 민들레상담센터 상담원이라고 밝혔다. 그런데도 소통이 제대로 되지 않았다. 그다음엔 주민 센터로, 하나센터로, 계속 연락을 했다. 그 당시 한성옥 모자 사망 사건이 일어나 난리가 났기 때문에 자살하는 사람이 더는 나오지 않았으면 좋겠다는 마음이 들어서 제발 그 친구 좀 잡아 달라고 애걸복걸했다. 하지만 그런 일을 담당하는 분들은 기본적으로 탈북민에게 관심과 사랑이 없다는 것을 느꼈다. 문을 안 열어준다고 그냥 가는 것이 말이 되는가. 문이라도 따고 들어가서 그 사람이 심각한 상태면 병원으로 옮겨서 치료를 받게 해 주어야지.

누구도 믿을 수 없고 우리밖에 없다는 생각에 후배와 함께 그 친구를 또다시 찾아갔다. 안 나오는 친구를 차에서 빵을 먹으며 기다리기도 했다. 밖으로 나오면 만나서 병원에 가자고 하려고 마지막으로 두드려 보고 가려는데, 마침내 그 친구가 문을 열어주었다. 그 친구 몰골을 보니 정말 사람이라고 할 수가 없었다. 얼굴은 해골이 다 되었고, 완전히 퇴행적인 행동을 하고 있었다. 그때 마침 정신보건센터에서 연락이 왔다. 무조건 빨리 오시라고 했다. 한시라도 빨리 그 친구를 데리고 가야 했다.

하지만 곧바로 치료에 들어가야 하는데도 그 친구가 정신보건센터까지 안 가겠다 하니까 담당자들이 그냥 돌아갔다. 보호자가 없으니 본인의 의견이 중요하다는 것이다. 안 된다고, 지금 치료실로 가야 한다고 난리를 쳤지만 본인이 안 간다고 하면 데려가지 않는다는 매뉴얼대로 기계적으로 영혼이 피폐해져서 죽어가는 사람을 그냥 두고 간 것이다. 기가 막힐 노릇이었다. 나와 후배도 어쩔 수가 없었다. 그 친구에게 밥 잘 먹으라는 말만 하고 돌아왔다.

얼마 후 TV를 보는데 강원도 훈련소 근처 DMZ 철조망을 뜯던 탈북민이 잡혔다는 뉴스가 나왔다. 나는 A군이라는 걸 확신하고 수소문해 보았다. 아니나 다를까 그 친구가 맞았다. 그는 중죄인으로 실형을 받고 교도소에 들어가기 전에 정신 병원에서 치료를 받고 있다고 했다. 그때 바로 병원으로 데려갔다면 중죄인이 되는 것만은 막을 수 있었을 것이다. 너무 안타깝고 화가 났다. 이제 또 탈북민에 대한 비난이 쏟아질 것이다. 마음이 아프다.

나라에서 신변 보호 담당관이나 상담사들을 둔다고 하지만, 그들에게 접근하는 데는 한계가 있다. 기계가 하는 일과 사람이 하는 일이 다르듯 그런 상황에 맞닥뜨려본, 그렇게 살아보고 경험한 사람만이 공감하고 도울 수 있는 부분이 분명히 있다. 나라에서 정해 준 담당자들이 아무리 관심을 가진다고 해도 피상적인 접근이나 겉으로 드러난 문제의 해결에만 그칠 뿐 절대 근본적으로 그들을 잡아줄 수가 없다.

특히 보호자도 없고 소외된 탈북민들은(미성년자, 청소년 포함) 신변 보호 담당관이나 상담치료사들을 배치할 때 탈북 출신의 사람들과 공조하는 시스템으로 바꿨으면 좋겠다는 생각을 했다. 그들을 끝까지 사랑하고 관심을 가지고 잡아 줄 사람은 나라에서 정해 준 담당자들이 아니라 같은 탈북 출신의 사람들이기 때문이다. 재정적인 문제가 걸린다면 봉사자라도 뽑아서 함께할 수 있게 하면 좋지 않을까. 어쨌든 나는 탈북민들의 정착을 돕는 일을 할 것이다. 하나님 주신 마음이니까.

현재 우리 민들레상담센터에서는 '마음이 만나서 이루는 일심동체 <우리를 향해 가는 여행>' 이라는 프로그램을 진행하고 있다. 그 프로그램의 요지는 '남한 사회를 이해하고 사회적 고립 해소를 위한 탈북민 눈높이에 맞는 사회적응 및 심리치료'이다. 우리 상담센터에서 기획하여 서울시에서 예산을 받아 진행하고 있다. 나는 스텝으로 일하며 주변의 탈북민들을 모았다. 그렇다고 탈북민만 참여하는 것이 아니라 한국 사람들과 같이하는 프로그램이다. 탈북민 2세 아이들도 참여하기 때문에 아이들 프로그램도 함께 진행하고 있다. 통일의 주역이 될 다음 세대니까 더 많이 사랑하고 상처가 남지 않게 해야 한다.

이 프로그램을 진행하는 과정에서 나는 막연하게 알고 있던 탈북민들의 문제를 정확하게 알게 되었다. 이미 대한민국 기관에서 데이터를 뽑아 문제점을 조사해 놓았기 때문이다. 탈북민들 대부분은 북한과 제3국에서 극단적인 폭력 사건들을 목격하거나 직접 경험하여 정신적으로 피폐한 상태이며, 트라우마를 겪는 사람들이 대부분이다. 하지만 그 후유증 때문에 자유를 찾아왔어도 정착에 대한 의지를 펼치기 힘든 상태이고 거기다 남한 사회의 개인주의, 진취성, 경쟁 등의 이질적 문화 때문에 정착을 포기하는 비율이 점차 증가한다는 것이다. 상황이 그렇다 보니 남한 사회의 범죄에 연루되기 쉽고 다시 북한으로 돌아가려는 사람들도 생겨나고 있다. 가면 죽는다는 것을 알면서도 가려고 하는 이유는, 죽은 몸으로라도 가족에게 돌아가고 싶다는 생각 때문이다. 지금 이들을 잘 잡아주지 않으면 현재 남한 사회에서도 그렇지만 통일이 된 후에도 사회적 문제가 더 커질 것이라고 본다.

앞으로 통일은 반드시 이루어질 것이다. 어차피 이루어질 통일이라면 우리 대한민국 모두가 다음 세대를 위해 좋은 방향으로 이끌어가야 하지 않을까. 그러자면 탈북민과 북한에 대한 인식이 바뀌어야 한다. 다리 한쪽이 불편해서 절뚝거리며 짐까지 들고 매고 있는 사람한테 빨리 뛰어오라고 하면 어떻게 되겠는가. 뛰어오다가 분명히 넘어질 것이다. 왜 넘어졌냐고 손가락질하면 그 사람은 자기 힘으로 어찌할 수 없는 부분에 대해 비난받으니 넘어진 상태에서 다시 일어나고 싶지 않을 것이다.

60년 넘게 지속되어 온 분단의 아픔이 북한에 사는 사람들에게 더 많은 아픔으로 작용하여 정신적으로나 육체적으로나 온전하기 힘들다. 탈북한 사람들은 더 그럴 것이다. 목숨 걸고 넘어오는 과정에서 몸과 마음을 챙길 여유가 없었다. 오로지 살아야 한다는 열망 하나밖에 없었다. 탈북한 청소년들의 상태는 더 심각하다. 아이들은 남한 아이들보다 키가 작고 왜소한 것 때문에 비관해서 자살하는 경우가 점점 늘어나고 있다. 남한 아이들의 무시와 왕따, 차가운 시선이 그들을 견딜 수 없게 하는 것이다.

남한에 와서 본 글 중에 가장 기억에 남는 것이 있다. '한 아이를 기르는 데 온 마을이 필요하다.' 이 말처럼 탈북민들과 함께하는 소수의 사람만으로는 문제를 해결할 수 없다. 탈북민 협력기관에서는 원칙보다 문제가 생긴 탈북민에게 초점을 맞추고, 탈북민이 살아가는 마을 공동체에서는 함께 산다는 것에 대한 이질감이나 차가운 시선을 거두고 관심과 사랑으로 그들을 대해 줄 때 따뜻한 마을이 될 수 있을 것이다.

이것은 모든 대한민국 사람들에게 바라는 나의 마음이고, 이 책을 읽는 많은 그리스도인에게는 바람과 기대가 더 크다.

현재 진행하고 있는 '우리를 향해 가는 여행' 프로그램이 지금은 서울시에서 받은 예산으로 진행하고 있지만, 소장님과 나는 이 프로그램을 교회로 가지고 들어가겠다는 비전을 가지고 있다. 현재 여러 교회에서 '통일 학교'를 비롯해 많은 프로그램이 만들어지고 있다. 그런데 그런 프로그램들은 탈북민들을 알려고 하는 데서만 그치는 경우가 많다. 그래서 정서적으로 안정되어 있지 않은 상태에서 복음을 강요할 경우 예수님을 멀리 떠나버리는 경우도 많다. 이제는 그들과 함께할 수 있는 프로그램을 만들어야 할 때다. 하나님 말씀 안에서 남한 성도들과 탈북민들이 함께 참여해 작은 것부터 하나님 방법으로 풀어가자는 것이다. 그러자면 강자와 약자의 개념부터 바꿔야 한다. '믿음이 강한 우리는 마땅히 믿음이 약한 자의 약점을 담당하고'(롬 15:1a). 하나님 안에서는 하나님의 사랑을 믿는 자가 강자이다. 하나님 안에서는 하나님의 사랑을 잘 모르는 자가 약자이다. 분명하게 하나님은 믿음이 강한 자에게 약한 자를 담당하라고 하셨다.

이 개념을 우리 가슴에 각인하고 그리스도인들은 하나님을 잘 모르는 탈북민들이 내버려 두어서는 안 된다. 그들을 알려고만 하는 이전의 방법에서 탈피해서 이제는 작은 것이라도 그들과 함께할 수 있는 일을 해야만 한다.

나는 한때 물질적 나눔만 나누는 것이라고 착각했던, 영적으로 무지한 자였다. 그러나 주님의 말씀도 함께 나눠야 한다는 것을 깨달은 후 탈북민의 정착을 도우며 미술 상담치료를 통해 전도해야겠다는 비전을 갖게 되었다. 나의 작은 비전이 우리나라와 온 땅의 그리스도인이 강자가 약자를 담당하라는 하나님 말씀을 지키게 하는 통로가 되기를 기도한다.

저 멀리 북한 산골에서 자유를 찾아온 시골 아낙이 교회를 향해, 우리나라를 향해, 온 땅을 향해 주님의 말씀을 선포할 수 있게 인도해 주신 주님의 은혜에 눈물을 흘리지 않을 수 없다. 주님, 감사합니다. 주님, 죽는 날까지 주님을 위해 살겠습니다.

당신은 지금 자유한가?

얼마 전 나의 생일이었다. 성경공부 하는 날이라 새벽 6시에 일어나 줌으로 공부를 하고는 그대로 잠들어 버렸다. 성경공부에서 은혜 받느라 장시간 머리와 가슴을 풀가동한 결과였다. 점심 때쯤 일어나 주섬주섬 미역국을 끓이고 냉장고에서 이것저것 꺼내 혼자 생일상을 차려 먹었다. 얼마나 행복하고 감사한지. 미역국을 먹으며 기쁨에 차서 웃고 있는 나를 발견하고는 나도 깜짝 놀랐다. 어? 이게 뭐지? 지금 이 순간 북한에 있는 가족들을 그리워하며 외로움에 눈물 콧물 흘리고 있어야 하는 것 아닌가? '애들아, 엄마 지금 혼자 눈물의 미역국을 먹고 있어. 흑흑. 여보, 당신이 생일 축하해 주던 그때가 그리워요. 흑흑.' 처음 남한에 왔을 때 아이들이 보고 싶어 피눈물을 흘리며 방바닥을 뒹굴던 내가, 생일날 혼자서 미역국을 먹는데도 오늘 배운 갈렙 때문에 헤~, 웃고 있다. 늙어서도 끝까지 하나님께 충성하는 갈렙이 너무 멋있어서 나도 모르게 '하나님 나도 갈렙처럼 될 거니까 두고 보세요.' 중얼거리기까지 한다. 누가 보면 아마 미친 사람이라고 할 것이다. 그래도 상관없다! 상황에 눌리지 않고 이렇게 자유로울 수 있다는 것은 아무나 받는 복이 아니니까.

문득 청진에 살던 시끄러운 아이가 생각났다. 그 아이는 소변을 지리는 요실금이라는 병을 앓고 있었다. 어려서 천 기저귀를 갈지 못해 늘 지린내가 진동하던 아이. 그 당시 북한은 그런 희귀한 병을 제대로 진단할 수 있는 시대도 아니었고, 알았더라도 치료할 수 있는 의료 환경이나 수준이 아니었기에 어머니가 나를 데리고 아무리 뛰어다녀도 고칠 수가 없었다. 그런데도 나를 사랑해 주신 엄마, 아버지 덕분에 지린내가 진동했어도 나는 기죽지 않고 밝고 활발했다.

남한에 와서 검사를 받아보고서야 내가 왜 그렇게 심한 요실금에 시달렸는지 알게 되었다. 검사 결과, 나는 요도관 2개, 자궁 2개가 있는 선천적인 장기 기형이었다. 조금만 피곤하면 방광염이 간질처럼 발작을 일으키고, 통증이 애 낳는 것보다 심했다. 그런데도 병원에 가지 않고 타이레놀을 콩 먹듯 삼키며 고통을 견뎠다. 북한 교화소에서 형편없는 장비로 수술하는 것을 보았기 때문에 수술 트라우마도 있었지만, 육체적 아픔이 가족하고 헤어진 아픔보다 크지는 않았던 것 같다. 고생하고 있는 가족의 고통을 함께하는 것 같아서 나 스스로 고통을 받아들이는 게 더 마음 편했는지도 모르겠다.

그런데 소장님께서 말도 안 되는 소리라고, 하나님은 내 자식이 고통 가운데 있는 것을 원치 않으신다고 여기저기 알아보시더니 최고의 의료기술을 자랑하는 곳으로 나를 데려갔다. 그리고 수술을 받았다. 모든 것을 주님께 맡기고 나는 가만히 누워만 있었다. 의사 선생님들과 많은 분의 중보 기도로 수술은 성공적이었다. 수술한 날 함박눈이 그해 최고로 많이 내렸다. 내가 새롭게 태어나기를 바라는 하나님의 편지 같았다. 그 날 이후 나는 완전히 회복되었고 다른 세상을 사는 것 같다. 보는 사람마다 얼굴이 환해졌다, 좋아졌다고 난리다. 다 주님의 은혜다.

나는 지금 영육이 다 자유하다. 언제 또 흔들리며 병에, 상황에 갇힐지 모르지만 극복할 방법을 지금은 알고 있다. 주님의 말씀이다. 나의 이 모든 자유는 남한에 왔기 때문에 받은 선물이 아니다. 하나님을 만났기에, 하나님을 믿기에, 하나님 계신 공동체에 속했기에, 하나님 말씀대로 살려고 노력했기에, 예수님 이름으로 기도했기에 받은 선물이다. 그래서 이제 나는 남한에서뿐 아니라 어디서든지 자유할 수 있는 사람이 되었다. 김영아 선생님이 북한 교화소든 북한 정치범 수용소든 주님의 말씀을 전하며 자유했던 것처럼.

'진리를 알지니 진리가 너희를 자유롭게 하리라'(요한복음 8장 32절)

자유가 자유에게 묻다

2021년 06월 15일 초판 1쇄 인쇄
2021년 06월 25일 초판 1쇄 발행

지은이 ㅣ임사라
펴낸이 ㅣ정영구
펴낸곳 ㅣ누림과 이룸
편　집 ㅣ김형준, 전정숙, 박영희
도　움 ㅣ안금님
등　록 ㅣ제25100-2017-000010

주　소 ㅣ서울시 동작구 성대로 14길 49, 102호(상도동)
전화번호 ㅣ02) 811-0914
이메일 ㅣzeronine86@hanmail.net
페이스북 ㅣfacebook.com/nurimiroom

디자인 ㅣ엔터디자인
인　쇄 ㅣ디자인화소

ISBN 979-11-966136-9-3 03230

정가 15,000원